Frauen machen sich selbständig

Helgard M.

Erika Markmann

Frauen machen sich selbständig

Chancen Risiken Planungshilfen

Ein Brigitte-Buch
im Mosaik Verlag

Erika Markmann ist graduierte Bauingenieurin und arbeitet seit 17 Jahren als Journalistin. Bei Brigitte war sie neun Jahre als Redakteurin tätig, ehe sie sich 1984 selbständig machte.

Herausgeber: Peter Brasch
Gutachter:
Rechtsanwalt
Reiner Fehsenfeld
Steuerberater
Horst-Heiner Meyer
Gründungsberater
Ulfert Rüscher
Gestaltung: Dietmar Meyer, Ekkhart Blunck
Satz: Neef, Wittingen
Produktion:
Jürgen Schmidt,
Druckzentrale G+J
Druck:
Clausen & Bosse, Leck

Printed in Germany,
ISBN 3-570-03841-6

Inhalt

Vorwort

Frauen machen sich selbständig – immer mehr in den letzten Jahren. Manche mit realistischen Erwartungen, viele mit übersteigerten Hoffnungen.

In vielen Zeitschriften finden Sie entsprechende Tips und Ratschläge – die den Leserinnen nur zu leicht das Gefühl vermitteln, daß nur ein bißchen Mut dazugehört, um den Sprung in die Freiheit zu wagen. Der Erfolg – diesen Eindruck erwecken solche Berichte oft –, der stellt sich dann schon ganz von allein ein.

Natürlich sind viele Ratschläge und Tips notwendig, sogar überlebens-notwendig im täglichen Konkurrenzkampf. Sie finden sie auch in diesem Buch, quasi als Schulaufgaben, als Lektionen, die Sie lernen müssen, um überhaupt den Einstieg zu schaffen und die ersten Jahre zu überstehen.

Allerdings reicht es noch nicht, nur zu wissen, wo man das notwendige Geld herbekommt, welche Steuern man wann zahlen muß und welche Gesellschaftsform die richtige ist.

Diese rein technischen Details kommen eigentlich erst an zweiter Stelle. Zunächst einmal sind andere Überlegungen wichtig. Daß Sie sich zum Beispiel klarmachen, warum Sie sich überhaupt selbständig machen wollen. Ob eine Selbständigkeit Ihnen das bringen kann, was Sie sich davon erhoffen. Daß Sie sich ernsthaft fragen, ob Sie für so ein Einzelkämpfer-Dasein überhaupt geeignet sind. Ob Ihre Familie und Ihr Partner Ihre Idee nicht nur akzeptiert, sondern Sie auch unterstützt – zumindest mit dem notwendigen Zuspruch. Und ob Sie überhaupt wissen, worauf Sie sich einlassen.

Im Laufe der Recherchen zu diesem Buch habe ich mit

rund einem Dutzend Frauen gesprochen. Mit Frauen, die ihr eigener Chef sein wollten. Darunter waren solche, die es heute, zum Zeitpunkt des Erscheinens dieses Buches, geschafft haben. Andere, die noch um ihre neue Existenz kämpfen. Aber auch Frauen, die – so steht es zu befürchten, wenn man alles objektiv betrachtet – nie auf einen grünen Zweig kommen werden. Auch eine Frau war dabei, die inzwischen bereits wieder aufgegeben hat.

Nur eine dieser Frauen hatte ganz konsequent auf ihre Selbständigkeit hingearbeitet. Sie erklärte nämlich schon vor zehn Jahren, als 14jährige, in einem Brigitte-Interview: „Ich schaffe mir eine eigene Konditorei an.“ Heute hat sie die. Mit gut zehn Angestellten, einem Berg Schulden, einer Menge Arbeit – aber sie fühlt sich rundum wohl. Weil sie erreicht hat, was sie sich vorgenommen hat. Und sie wird sicher noch mehr erreichen. Weil es ihr Spaß macht. Und weil sie auch am Erfolg Spaß hat.

Das genaue Gegenteil: eine sehr impulsive Frau. Die ihrem Chef eines Tages die Sachen vor die Füße warf, weil er etwas von ihr wollte, was sie nicht wollte. Die spontan beschloß: „Nie mehr ein männlicher Chef. Am besten überhaupt kein Chef. Ich mache mich selbständig.“ Die auch gar nicht lange überlegte, was sie kann, wofür sie geeignet ist, sondern sich sagte: „Boutiquen laufen immer. Schließlich kaufe ich auch in Boutiquen ein.“ Die ihren Lebenspartner kurzerhand auch zum Geschäftspartner machte und erst zu spät, als die Firma schon fast ruiniert war, feststellte, daß er weder ein Partner noch ein Freund noch geschäftstüchtig war. Die schließlich allein weitermachte, weil sie nicht aufgeben wollte. Und die noch heute, nach Jahren, ein Loch mit dem anderen stopft und immer größere aufreißt. Deren Stolz es einfach nicht zuläßt, „versagt“ zu haben.

Die Auswahl dieser Frauen war recht willkürlich. Einige antworteten auf Zeitungsanzeigen, auf andere wurde ich von Freunden aufmerksam gemacht. Eine Frau fiel mir auf, weil da plötzlich ein neuer Laden an der Ecke war. Wieder bei einer anderen stellte sich während eines Gesprächs, bei dem es um etwas ganz anderes ging, plötzlich heraus, daß sie auch „eine von den Selbständigen" war.

Die Gründe für den Schritt in die Selbständigkeit waren so verschieden wie die Menschen: Junge Frauen wollten sich ein eigenes Leben aufbauen, eine ältere meinte, es könne doch noch nicht zu spät sein, um etwas Neues auszuprobieren. Eine Frau, deren Hobby sich langsam, aber sicher in einen Beruf verwandelte. Und auch eine, deren Mann irgendwann beschloß: „Du mußt was tun. So geht das nicht weiter."

Nur zwei von ihnen kann man als ausgesprochene Karrierefrauen bezeichnen, die erfolgreich sind und eine Menge Geld verdienen. Und die inzwischen auch schon den Karrierestreß zu spüren bekommen. Von denen die eine überlegt, ob sie nicht wieder aussteigen soll. Um Dinge zu tun, die ihr inzwischen wichtiger erscheinen.

Alle diese Frauen waren bereit, offen über sich und ihre Selbständigkeit zu berichten. Nicht nur darüber, wo sie das Geld herbekommen haben und was sie heute verdienen. Nein, auch über ihre Wünsche, Vorstellungen, Hoffnungen, auch Enttäuschungen. Über ihre Probleme, im Umgang mit sich selbst, mit anderen, mit der Familie. Um anderen Frauen zu helfen, ihnen nicht nur Mut zu machen, sondern vor allem auch zu zeigen, wo die Gefahrenpunkte lauern. Und wie man solche Klippen umschiffen kann.

Daß manche Männer Frauen nicht akzeptieren, seien es Bankangestellte oder Vertreter von Zulieferern – das tauchte in vielen Gesprächen auf. Einige Frauen lösten dieses Problem (aber nur scheinbar), indem sie zum nächsten Gesprächstermin Mann, Freund oder Vater dazubaten. Sie bestärkten diese Männer nur in ihrer negativen Einstellung gegenüber weiblichen Selbständigen.

Andere aber haben solche „Kämpfe" ein gutes Stück vorangebracht. Sie erklären einem Filialleiter einer Bank heute kühl, es gäbe schließlich auch noch andere Banken, die sich über neue Kunden freuen. Probleme mit der Familie – hier waren bei meinen Gesprächspartnerinnen viele Möglichkeiten vertreten: Der Mann, der Freund, der begeistert davon ist, daß seine Partnerin etwas Eigenes auf die Beine stellt, der sie nicht nur mit Worten, sondern auch mit Taten unterstützt. Derjenige, der dem Ganzen gleichgültig gegenübersteht – dessen Frau aber glücklicherweise selbständig genug ist, auch ohne sein Interesse und ohne seinen Zuspruch auszukommen. Der Mann, der aus allen Wolken fiel, weil seine Frau „arbeiten gehen" wollte. Und dem diese dann in langen Gesprächen klarmachte, daß er so eine zufriedenere Frau hätte, als wenn sie nur zu Hause säße und Däumchen drehte. Und schließlich auch der Partner (den es übrigens viel öfter gibt, als man glaubt), der seine Partnerin mehr oder weniger in die Selbständigkeit trieb, ihr vorschrieb, was sie zu machen hätte. Und ihr schon am Eröffnungstag eine exakte Frist setzte, bis wann sich die Firma rentiert haben müßte.

Probleme mit Kindern gab es seltener, als ich erwartet hatte. Einfach deshalb, weil die Hälfte der Frauen, mit denen ich sprach, kinderlos ist. Weil von den anderen einige zu Hause am Schreibtisch arbeiten und so Familie und Firma ganz gut unter einen Hut bringen können. Weil bei einer der Frauen die Kinder schon groß und selbständig sind. Weil eine Mutter es so einrichten kann, daß sie mittags, wenn die Tochter aus der Schule kommt, immer zu Hause ist. Und die abends pünktlich Feierabend macht.

Nur eine Frau, eine Restaurantbesitzerin, stellte selbst etwas erschrocken fest, daß sie in den Jahren des Geschäftsaufbaus von der Entwicklung, den Problemen, den Interessen ihrer Kinder herzlich wenig mitbekommen hat, daß „diese dabei auf der Strecke geblieben" sind. Und eine andere denkt seit Monaten darüber nach, was eigentlich aus ihrer Firma werden soll, wenn sie ein Kind bekommt. Die einzige Lösung, die sie bis jetzt gefunden hat: Sie schiebt das Kinderkriegen noch auf.

Von Problemen mit sich selbst und der neuen Rolle ist in den ersten Jahren der Selbständigkeit kaum die Rede. Wahrscheinlich, weil dann andere Dinge wichtiger erscheinen: das fehlende Geld etwa und die reichliche Arbeit. Nur zwei sehr selbstkritische Frauen sprachen darüber. Ohne freilich eine Lösung zu wissen.

Die eine würde gern mit einer Partnerin zusammenarbeiten. Gar nicht mal, weil sie selbst dann mehr freie Zeit hätte. Sondern vor allem, weil sie gern gemeinsam mit jemandem arbeiten möchte. Inzwischen ist aber schon der dritte Versuch gescheitert. Vor allem wohl deshalb, weil sie die hohen Anforderungen, die sie an sich selbst stellt, auch auf andere überträgt. Und diese von jenen kaum erfüllt werden können.

Die andere hat Schwierigkeiten mit unserem sozialen System. Sie findet es entsetzlich, daß so viele Leute arbeitslos sind. Und kann doch auch keine feste Kraft einstellen, weil die Firma eine solche Belastung einfach nicht tragen würde. So hangelt sie sich mit schlechtem Gewissen zu Hochsaisonzeiten mit einer Aushilfe nach der anderen durch. Die anschließend dann wieder auf der Straße stehen.

In einem Punkt aber sind sich die meisten dieser Frauen (ich selbst, die ich mich vor vier Jahren auf eigene Füße gestellt habe, eingeschlossen) einig: Was sie heute machen, ist interessanter, macht mehr Spaß, bringt mehr Selbstbestätigung. Freiwillig wieder angestellt sein – das möchte keine von ihnen.

Erika Markmann

1
Motivation

Prüfen Sie sich selbst

In diesem Buch werden Ihnen viele Zahlen begegnen. Eine ganz wichtige aber fehlt: Niemand weiß genau, wie viele Firmen eigentlich jährlich in unserem Lande gegründet werden. Der Trend allerdings ist ganz deutlich: Nachdem viele Jahre lang verhältnismäßig wenige Unternehmen neu entstanden, rollt zur Zeit eine wahre Gründungswelle über die Bundesrepublik.

Natürlich gibt es Hochrechnungen. Zum Beispiel vom Bonner Institut für Mittelstandsforschung: Danach wurden im Jahre 1985 rund 318000 Firmen neu gegründet. Also 318000 Frauen und Männer (wahrscheinlich mehr, weil zu vielen Firmen mehrere Inhaber gehören), die den Schritt in die Selbständigkeit getan haben. Doch so imponierend das auch klingen mag – als zukünftige Jungunternehmerin muß man auch die Folgen kennen: 1988, drei Jahre später, sind etwa die Hälfte der Neugründungen schon wieder verschwunden. Verschwunden, weil die Firmengründerinnen und -gründer von falschen Voraussetzungen ausgingen, weil das Geld nicht reichte, weil die Familie nicht mitspielte oder manchem die ganze Sache einfach über den Kopf wuchs.

Jedes vierte Unternehmen in der Bundesrepublik wird von einer Frau gegründet. Aber: Nur jede sechste der in der Bundesrepublik registrierten Unternehmerinnen beschäftigt mehr als zehn Mitarbeiter oder macht mehr als eine Million Umsatz im Jahr.

Männliche Unternehmer verdienen im Durchschnitt dreimal soviel wie weibliche. Woraus man aber nicht schließen sollte, sie seien von Natur aus die besseren Unternehmer. Bestimmend dafür sind vielmehr zwei Gründe. Der erste: Männer erben öfter als Frauen. Soll eine Firma an die nächste Generation übergeben werden, so ist fast immer – falls vorhanden – der Sohn der Nachfolger. Töchter übernehmen sehr viel seltener gut florierende, alteingeführte Firmen. Sie gründen daher eher neu – und haben naturgemäß mit vielen Anfangsschwierigkeiten zu kämpfen. Der zweite Grund: Viele männliche Jungunternehmer können auf eine kostenlose Arbeitskraft zurückgreifen: auf ihre Ehefrau. Existenzgründerinnen dagegen sind fast immer Solisten, zumindest was die Firma angeht.

Aber: Frauen sind mutiger als Männer – sie holen langsam auf. Während die Zahl der männlichen Gründer im vergangenen Jahr leicht zurückging, hat die der Frauen zugenommen. Die umgekehrte Rechnung sieht für die Frauen genauso positiv aus: Die männlichen Pleiten sind gestiegen, die der Frauen haben leicht abgenommen.

Gründe für die Gründung

Gründe, warum sich jemand selbständig macht, gibt es viele, meist unabhängig davon, ob es sich um eine Frau oder um einen Mann handelt.

Am einfachsten haben es sicher jene, die schon als Teenager davon träumen: „Ich mache mich selbständig." Die von Beginn ihrer Lehre an zielstrebig auf einen eigenen Betrieb hinarbeiten und sich ihren Traum mit viel Fleiß, Ehrgeiz und Hartnäckigkeit erfüllen. Natürlich haben auch sie oft Probleme finanzieller und anderer Art – ihre Erwartungen aber sind durch das „Hinarbeiten" durchaus realistisch.

Eine große Gruppe bilden diejenigen, die einfach nicht mehr angestellt sein, sich nicht mehr sagen lassen wollen, was sie tun sollen. Sie wollen eigene Entscheidungen treffen – ihre eigene Frau/ihr eigener Herr sein – allen zeigen, was sie wirklich können. Wer aus solchen Gründen eine Firma gründet, sollte sich aber vorher klarmachen, daß sie/er später keineswegs immer ihre eigene Frau/sein eigener Herr ist. Nur mit dem Unterschied, daß dann nicht mehr der Chef die Wünsche äußert, sondern der

Kunde. Beispiel 1: Sie haben sich als Innenarchitektin selbständig gemacht. Ihnen winkt ein großer Auftrag. Aber: Die Leute haben einen entsetzlichen Geschmack. Ablehnen können Sie solche Aufträge in der Anfangsphase kaum. Also werden Sie Kompromisse schließen müssen. Beispiel 2: Sie arbeiten als freie Journalistin. Auch hier müssen Sie sich nach dem Stil der Zeitungen richten, für die Sie schreiben – und Ihren eigenen manchmal unterdrücken. Beispiel 3: Sie haben eine Boutique. Eine Kundin probiert und probiert und kann sich nicht entscheiden. Und geht Ihnen entsetzlich auf die Nerven. Mit der Faust auf den Tisch schlagen geht nicht, Sie müssen höflich bleiben. Fazit: Auch als Unternehmer/in müssen Sie sich manchmal sagen lassen, was Sie tun sollen – und sei es von dem Bankangestellten, dem Sie Ihre Bilanzen vorlegen müssen. Später ändert sich das natürlich – wenn Sie Erfolg haben. Aber bis dahin vergehen einige Jahre.

Natürlich machen sich viele Menschen aus Geldgründen selbständig. Erstaunlicherweise nannten nur wenige der von uns interviewten Frauen diesen Grund. Aber die meisten Leute gehen wohl davon aus, daß ein Selbständiger mehr verdient als ein Angestellter in einem vergleichbaren Job: Schließlich arbeitet man ja für sich selbst. Und kassiert zusätzlich zum eigenen Verdienst noch das, was der Chef früher in die Tasche steckte. Theoretisch stimmt das. In der Realität dagegen bleibt in den ersten Jahren der Selbständigkeit meist kaum das Existenzminimum übrig – wenn man nicht sogar zubuttert. Viele, die mit dem Gedanken spielen, sich selbständig zu machen, verwechseln auch den Umsatz/die Honorare mit dem Gewinn. Und stellen erst später, manchmal zu spät, fest, daß nach Abzug von Miete, Telefon, Auto, Steuern, Gehältern, Rechnungen nur noch ein magerer Rest übrigbleibt. Kaum jemand arbeitet praktisch ohne Kosten und kann alle Einnahmen als Gewinn verbuchen. Leider ist die

Zahl der Frauen und Männer, die schon blauäugig in die Selbständigkeit hineinstolpern, gar nicht so klein. Sei es, weil sie zufällig die Einrichtung einer Kneipe billig kaufen können oder weil sie – warum auch immer – den Job hingeworfen haben. Solche Motivationen sind wohl die schlechtesten von allen: Sie sind einfach unüberlegt.

Viele Frauen haben sehr spezielle Gründe dafür, sich selbständig zu machen: Manche suchen nach einer neuen Aufgabe, weil die Kinder sie nicht mehr brauchen. Einen Job als Angestellte bekommen sie in ihrem Alter aber nur selten. Andere können nur als Selbständige Beruf und Kinder unter einen Hut bringen. Viele andere müssen sich nach einer Scheidung – oft ohne abgeschlossene Berufsausbildung – eine Existenz aufbauen. Einige kommen aus der Arbeitslosigkeit nicht heraus. Andere können auf der Karriereleiter nicht steigen, weil stets die Männer bevorzugt werden und ihre Ideen auf der Strecke bleiben. Und schließlich haben gerade viele Frauen einen ganz besonderen Beweggrund: Sie wollen eine Firma eröffnen, in der es menschlich und sozial zugeht, die nicht so sehr auf Profit ausgerichtet ist. Dieses Ziel läßt sich allerdings meist erst dann richtig verwirklichen, wenn die Firma auf gesunden Füßen steht.

Auch wenn viele gute Gründe für ein eigenes Unternehmen sprechen, gibt es auch solche, die dagegen sprechen. Auch die sollten Sie sich in der ersten Phase der Überlegungen gut durch den Kopf gehen lassen – und sich sehr genau darüber Rechenschaft ablegen, was schließlich am wichtigsten für Sie ist.

Was für die Selbständigkeit spricht:

Sie haben mehr Handlungs- und Entscheidungsfreiheit, können eigene Ideen durchsetzen. Die Arbeit macht mehr Freude und bringt mehr Erfolgserlebnisse, weil Sie selbst den Erfolg bestimmen. Sie haben keinen Ärger mehr mit Kollegen und Vorgesetzten, müssen keine Anweisungen mehr entgegennehmen und sich keinen – womöglich ungerechten – Beurteilungen mehr aussetzen. Auch Angst vor einer Kündigung gibt es nicht mehr. Ihr Einkommen kann (später einmal) höher beziehungsweise leistungsgerechter sein. Sie können (irgendwann) wirtschaftliche Unabhängigkeit erreichen.

Was gegen die Selbständigkeit spricht:

Das Risiko ist sehr hoch. Als Angestellte können Sie immerhin mit einem regelmäßigen festen Einkommen rechnen, auch bei Krankheit und Schwangerschaft sind Sie abgesichert. Für die meisten Existenzgründungen brauchen Sie Startkapital. Sie müssen also Schulden machen. Sie müssen mehr arbeiten, haben kaum Freizeit und selten Urlaub (zumindest in der Anfangsphase). Sie sind stets auf sich allein gestellt, das heißt, die Gefahr, Fehler zu machen, ist größer als in einem Angestellten-Job. Die Probleme mit Kollegen und Vorgesetzten tauschen Sie gegen solche mit Angestellten, Kunden, Lieferanten, Konkurrenten, Geldgebern und Behörden ein.

Die persönliche Eignung

Wer, aus welchen Gründen auch immer, den Entschluß gefaßt hat, sich auf eigene Füße zu stellen, sollte, bevor die eigentliche Planungsphase beginnt, eine Art „Selbstanalyse" einschieben. Denn noch können Sie Ihren Entschluß rückgängig machen, ohne mit einem Berg finanzieller Probleme und einer großen persönlichen Enttäuschung dazustehen. Nicht, daß Ihnen dieses Buch abraten will – es will Ihnen vielmehr dabei helfen, die Existenzgründung realistisch zu betrachten. Immerhin gibt ja die Hälfte aller Jungunternehmer/innen in den ersten Jahren wieder auf. Zu ihnen wollen Sie ja nicht gehören!

Wer sich auf eigene Füße stellen will, muß einfach bestimmte Voraussetzungen erfüllen, vor allem, wenn sie/er neu im Geschäft ist und kaum auf einen Stab bewährter und erfahrener Angestellter zurückgreifen kann. Allerdings sind diese Voraussetzungen nicht für jede Art der Selbständigkeit gleich: Wer zu Hause am Schreibtisch arbeitet, hat andere Probleme als die Wirtin einer Kneipe oder die Besitzerin einer Tischlerwerkstatt.

Einige charakterisierende Eigenschaftswörter tauchen bei Selbständigen (vor allem bei erfolgreichen Selbständigen) immer wieder auf: risikofreudig, geschäftstüchtig, dynamisch, aktiv, entschlossen, selbstbewußt, belastbar, aber auch: flexibel, durchsetzungsfreudig und – natürlich – fachkundig.

Sie sollten herauszufinden versuchen, was davon auf Sie zutrifft und was nicht. Am einfachsten geht das, wenn Sie sich mit Ihrem Partner und/oder der Familie zusammensetzen und diese Punkte klären können. Auch unsere Checkliste auf Seite 30 hilft Ihnen dabei. Seien Sie selbstkritisch. Und versuchen Sie, dabei so ehrlich wie möglich zu sein. Wenn Ihr Partner oder die Familie Sie völlig anders beurteilt als Sie sich selbst, dann denken Sie ernsthaft darüber nach, welche Einschätzung richtiger ist.

Was oft nur wenig bringt, sind Gespräche mit Freunden und Bekannten. Es sei denn, Sie können Neid auf die zukünftige Jungunternehmerin, kritiklose Bewunderung und ehrliche Meinung sehr genau auseinanderhalten.

Dynamisch, aktiv, entschlossen und durchsetzungsfreudig zu sein – das bedeutet im Grunde nichts anderes als kämpfen wollen und können. Nicht nur gegen andere, sondern auch gegen sich selbst – und das jeden Tag. Wenn Sie selbständig sind, sagt Ihnen ja niemand mehr, was Sie tun müssen. Und auch nicht, wann (und wie) Sie es tun müssen. Und gerade das „Wann" stellt für viele Frauen ein besonderes Problem dar. Wer einen Laden aufmacht, der wird durch starre Öffnungszeiten zumindest zur Anwesenheit gezwungen. Wer aber eine Schreibtisch-Firma besitzt und zu Hause arbeitet, dem bieten sich tausend Ablenkungsmöglichkeiten. Vor allem, wenn am Schreibtisch etwas Unangenehmes wartet, das vielleicht nicht so schnell von der Hand geht. Da wird zwischendurch mal eben die Wäsche gebügelt, der Essensplan für den nächsten Tag aufgestellt, eingekauft – und am Abend stellt man fest, daß man zwar den ganzen Tag gearbeitet hat, für die „Firma" aber kaum etwas getan wurde. In so einem Fall helfen nur feste „Büro-Zeiten", die man sich selbst auferlegt – und an die man sich natürlich auch halten muß. Das Kämpfen und Durchsetzen gegen andere ist oft einfacher: Da reicht schon eine gehörige Portion Wut im Bauch.

Selbstbewußtsein ist ganz besonders wichtig fürs Selbständigsein. Zwar wird Sie in Zukunft keiner mehr kritisieren (was ja ganz schön ist), aber es wird Sie auch niemand mehr loben und dadurch anspornen. Ihre Arbeit wird zur Selbstverständlichkeit. Täuschen Sie sich auch nicht: Kleine Streicheleinheiten sind Ihnen vielleicht wichtiger, als Sie jetzt wahrhaben wollen. Es sei denn, Sie haben genügend Selbstbewußtsein, um zu sagen: „Ich bin gut; was ich mache, ist gut, und ich komme gut bei den Leuten an." Übrigens: Wenn Sie selbstsicher sind, von Ihren Leistungen, Ihrer Wirkung, Ihren Ansichten überzeugt, dann fällt es Ihnen auch viel leichter, andere Menschen von Ihren Vorteilen zu überzeugen, davon, daß Sie besser sind als andere.

Immer wieder stellt sich bei wissenschaftlichen Untersuchungen heraus, daß Frauen dazu neigen, ihre eigenen Fähigkeiten und Leistungen herunterzuspielen. Dadurch verringern sie – das ist beweisbar – auch für andere ihren Wert. Männer dagegen machen viel mehr „Reklame" für sich selbst und können sich meist viel besser verkaufen.

Erfolg scheint „unweiblich“ zu sein. „Ich möchte gar nicht erfolgreicher sein, mein kleiner Laden reicht mir, viel mehr Geld brauche ich nicht.“ Solche Sätze hörte ich bei den Recherchen für dieses Buch immer wieder. Nur wenige Frauen sind selbstbewußt. Nur wenige geben zu, daß sie Erfolg haben – oder haben wollen. Nur wenige genießen diesen Erfolg auch sichtlich.

Selbst wenn Ihnen das Wort „Erfolg“ hier ein bißchen zu oft vorkommt – Erfolg verschafft Zufriedenheit. Und ist das nicht letztendlich einer der Gründe dafür, warum Sie sich selbständig machen wollen? Halten Sie sich also ruhig immer wieder vor Augen: Frauen können eine ganze Menge, Frauen haben Ideen, viele Frauen sind zäher als Männer, Frauen geben nicht so schnell auf. Oder haben Sie Angst davor, als arrogant zu gelten? Dagegen steht: Bei Männern wird selbstbewußt genannt, was bei Frauen schon als „arrogant“ gilt. Damit müssen Sie leben, wenn Sie – in unserer Männerwelt – als Selbständige überleben wollen.

Belastbar – dieses Wort liest man oft auch in Stellenanzeigen. Für den Existenzgründer aber hat es eine viel größere Bedeutung als für den Angestellten. Es bedeutet zum Beispiel, daß Sie nicht beim kleinsten Schnupfen schon pausieren können. Daß Sie im Gegenteil sogar mit einer ausgewachsenen Grippe weiterarbeiten müssen. Weil Sie es sich nicht leisten können, krank zu sein. Denn Ihr soziales Netz als Unternehmerin hat meist ziemlich große Maschen. Ein/e Angestellte/r kann sich auskurieren und auch mal eine Erholungsreise machen. Wer plant, sich selbständig zu machen, sollte deshalb auch überprüfen, ob ihre/seine körperliche Verfassung so ist, daß sie/er einige Jahre vollen Einsatzes problemlos übersteht.

Belastbar heißt aber auch, selbst in den schlimmsten Tagen mit Hektik und Streß fertig zu werden, sich trotzdem konzentrieren zu können, die Ruhe zu bewahren, die Übersicht nicht zu verlieren, persönliche Probleme, wenn es sein muß, zunächst zurückzustellen. Belastbar bedeutet, daß Sie bereit sind, nicht nur in den ersten Monaten, sondern wahrscheinlich in den ersten Jahren doppelt soviel zu arbeiten wie früher als Angestellte, von Freizeit und Urlaub nur noch zu träumen. Und das alles auch noch seelisch zu verkraften.

Unterschätzen Sie sich aber auch nicht: In Untersuchungen stellt sich immer wieder heraus, daß Frauen sehr viel belastbarer sind als Männer. Zumindest in diesem Punkt sind Frauen also die geborenen Unternehmer.

Flexibel und risikofreudig – diese beiden Vokabeln sind nicht nur für den Einstieg wichtig (wobei man risikofreudig nicht mit waghalsig verwechseln sollte). Diese beiden Eigenschaften werden Sie Ihr ganzes Unternehmerleben hindurch brauchen. Denn die Zeit bleibt nicht stehen. Selbst wenn Ihre Firma floriert, müssen Sie ununterbrochen dazulernen, können sich kaum auf Ihren Lorbeeren ausruhen. Sie müssen den Markt genau beobachten, müssen neue Trends erkennen können, müssen bereit sein, eine Idee, die sich als wenig zugkräftig erweist, kurzfristig durch eine neue zu ersetzen, müssen eventuell zusätzliches Geld – natürlich möglichst an der richtigen Stelle – einsetzen. Sie müssen also immer am Ball bleiben, um sich gegen die Konkurrenz zu behaupten.

Geduld, Freundlichkeit und Nerven wie Drahtseile – diese Voraussetzungen brauchen Sie, wenn Sie in Ihrer zukünftigen Firma mit Kunden umgehen müssen. Spielen Sie einmal durch, was Sie einem Kunden sagen würden, der Ihnen erklärt, die Konkurrenz arbeite billiger, das Angebot im nächsten Kaufhaus sei viel größer, im Laden nebenan könne er auch mal anschreiben lassen. Die meisten von uns würden so einem Kunden wahrscheinlich am liebsten empfehlen, doch bei der Konkurrenz arbeiten zu lassen, nach dem Motto: „Du wirst schon sehen, was du davon hast." Besser allerdings wäre es, so einen Kunden nicht sofort ziehen zu lassen, sondern zu versuchen, ihn von Ihren Vorteilen zu überzeugen. Und dazu brauchen Sie halt Geduld und Freundlichkeit, auch wenn es in Ihrem Innern kocht. – Und Sie sollten in der Lage sein, über eine solche Kundenkritik intensiv nachzudenken. Vielleicht sollten Sie Ihre Geschäftspolitik wirklich ändern? Vielleicht sind Ihre Preise ja wirklich zu hoch?

Wer mit Angestellten umgehen muß, sollte in der Lage sein, sie zu motivieren. Wer alles besser weiß und kann, der sollte am besten eine Firma gründen, in der er nicht auf Mitarbeiter angewiesen ist.

Neben vielen anderen Voraussetzungen ist sicher auch diese nicht ganz unwichtig: Man sollte seinem Glück ein bißchen auf die Sprünge helfen können. Also zum Beispiel versuchen, die richtigen, wichtigen Leute kennenzulernen. Und sich auch immer ein kleines bißchen mehr zutrauen, als man insgeheim glaubt. Und eventuelle Selbstzweifel nicht merken lassen. Bescheidenheit bringt Sie als Selbständige selten ans Ziel. Halten Sie sich lieber an das Sprichwort, daß Menschen mit ihren Aufgaben wachsen. Woher wollen Sie wissen, daß ausgerechnet Sie nicht zu diesen gehören?

Je nachdem, in welcher Sparte Sie sich selbständig machen, müssen Sie auch mit dem Problem „Einsamkeit" fertig werden. Und zwar immer dann, wenn Ihre Firma nur aus Ihnen selbst besteht oder Sie allein am Schreibtisch arbeiten – sei es als Programmiererin, als Steuerberaterin, als Journalistin oder auch als Inhaberin eines Schreibbüros. Da kann es passieren, vor allem, wenn Sie auch allein leben, daß Sie plötzlich feststellen: „In den letzten Tagen habe ich, abgesehen von der Kassiererin im Supermarkt und der Briefträgerin, die ein Einschreiben brachte, mit keinem Menschen gesprochen." Kein Austausch, und sei es über den neuesten Kinofilm, findet statt, keine Anregung – nichts. All die kleinen Gesprächspausen, die früher, als Sie noch angestellt waren, frischen Schwung in die Arbeit brachten, fallen weg. Und seien Sie sicher: Wenn Sie, die vielbeschäftigte Jungunternehmerin, dann zum Telefonhörer greifen, um eine der früheren Kolleginnen anzurufen, kommt spätestens nach drei Minuten die Frage: „Und was kann ich für dich tun?" Es kann sich nämlich kaum jemand vorstellen, daß Sie einfach mal mit jemandem reden wollen, nur so.

Eine andere, viel schlimmere Art von Einsamkeit kann zum Problem werden, wenn Sie wirklich erfolgreich werden. Dann können Sie unterscheiden zwischen echten Freunden und anderen, die nur von Ihrem Erfolg profitieren wollen, oder solchen, die Sie nun beneiden und schief ansehen. Daß Sie für Ihren Erfolg geschuftet haben oder immer noch schuften wie ein Ackergaul, das interessiert manche „Freunde" nicht.

Frauen, die sich selbständig machen, haben manche Probleme, die Männer nicht kennen. Einmal die Versorgung der Kinder. Aber auch das Gefühl, bei Verhandlungen, zum Beispiel mit Banken und Behörden, nicht richtig ernst genommen, nicht als vollwertiger Partner akzeptiert zu werden. Frauen brauchen deshalb auch mehr Mut als Männer, um den Schritt in die Selbständigkeit zu wagen.

Natürlich kann niemand, der sich selbständig machen will, alles richtig machen. Glücklicherweise können Sie manche Eigenschaften, die Ihnen fehlen, durch andere ersetzen. Ganz wichtig ist zum Beipsiel die Begeisterung, die Sie in eine Sache stecken. Nicht zu vergessen: ein klar durchdachtes Konzept, eine gute Idee. Manches andere kommt dann im Laufe der Zeit von selbst. So berichten viele selbständige Frauen, daß sie heute sehr viel selbstbewußter, verhandlungs- und durchsetzungsfähiger sind als früher.

Absprache mit dem Partner

Wer als Single lebt und sich selbständig machen will, der braucht auf niemanden Rücksicht zu nehmen. Wer jedoch Partner, Kinder und Firma unter einen Hut bringen muß, der hat es wirklich nicht leicht.

Am besten setzen Sie sich, zusammen mit der Familie, an den berühmten runden Tisch (der natürlich auch viereckig sein darf) und reden darüber, wie sich jeder einzelne die Zukunft – mit Firma – vorstellt. Auch Kinder sollten hier schon ein Mitspracherecht haben. Glauben Sie nicht, daß Ihre Firma nur Ihre Angelegenheit ist. Partner und Kinder leiden unter Ihrer Mehrarbeit und Ihrer verkürzten Freizeit vielleicht mehr als Sie selbst. Denn Sie haben sich freiwillig für die Selbständigkeit entschieden. Ihre Familie und vor allem Ihre Kinder müssen eher unfreiwillig auf den gemeinsamen Urlaub, auf gemeinsames Spielen, auf das Zusammensein mit Ihnen verzichten. Auf die Aufmunterung und Unterstützung der Menschen in Ihrer Umgebung werden Sie aber angewiesen sein, wenn es mit der Firma einmal nicht so ganz klappen will.

Wenn Ihr Partner Ihre Selbständigkeit rundweg ablehnt, dann werden Sie sich schon in der Planungsphase entscheiden müssen: entweder Partner oder Firma. So schlimm das klingt: Beides zusammen wird dann nicht funktionieren.

Fast genauso problematisch ist es, wenn sich der Partner auf den Standpunkt stellt: „Mach was du willst – aber erwarte keine Hilfe." Dann stellen Sie sich besser gleich darauf ein, daß Ihr Partner damit nicht nur die Hilfe in der Firma gemeint hat, sondern auch die zu Hause. Daß er Ihr Unternehmen als Ihr Privatvergnügen betrachtet, trotzdem aber pünktlich sein Essen auf dem Tisch haben will, sich am Wochenende von seinem anstrengenden Job ausruhen muß und nach wie vor alle Arbeit an Ihnen hängenbleibt. Daß Sie bei jedem Problem den Satz hören werden: „Du hast das doch gewollt." Mit anderen Worten: daß er nicht nur keine Hilfe, sondern eine Last sein wird. In so einer Partnerschaft hat die zukünftige Unternehmerin drei Möglichkeiten: Entweder sie macht sich sehr realistisch klar, was diese Einstellung für sie bedeuten wird, akzeptiert sie voll und ganz und versucht, damit fertig zu werden. Oder sie macht sich etwas vor, indem sie die (sich nur selten erfüllende) Hoffnung hegt, ihr Partner habe das nicht so ernst gemeint und werde sich im Laufe der Selbständigkeit schon ändern. Oder sie versucht, eine Art von Selbständigkeit zu finden, die sich in wenigen Tagesstunden ausüben läßt – damit ihr noch genügend Zeit zur Pflege ihres Paschas bleibt.

Der Idealfall, der eigentlich bei selbständigen Frauen der Normalfall sein sollte: Der Partner zieht mit. Dann stimmt zumindest schon einmal eine wichtige Grundvoraussetzung. Oft auch sind Ehemänner, Verlobte, Freunde die stillen Partner im Hintergrund. Sie springen notfalls mit ihrem Gehalt ein, treten als Bürgen auf, helfen beim Bau einer Ladeneinrichtung und erledigen auch mal Botengänge. Daß sie ganz intensiv mithelfen, ist sicher die Ausnahme.

Auch über eine Neuverteilung der Hausarbeiten sollten Sie vorher gemeinsam beraten. Ein Organisations- und Zeitplan kann nicht schaden – wenn Sie ihn nicht zu streng handhaben und auch mal kurzfristig umwerfen können – und sei es zugunsten eines Kinobesuches oder einer gemeinsamen Radtour.

Ein großes Problem sind natürlich kleine Kinder, wenn Sie niemanden haben, der als Babysitter fungieren kann. Ganztagskindergärten gibt es nicht überall. Und wenn Sie den größten Teil Ihres Gewinns für eine Tagesmutter ausgeben, kann das auch nicht der Sinn der Sache sein. Versuchen Sie, Kontakt mit anderen Frauen in Ihrer Nähe zu bekommen, die ähnliche Probleme haben, zum Beispiel über eine Kleinanzeige in der Tageszeitung. Wenn sich viele zusammentun, dann kann man leichter private Kindergruppen oder Krabbelstuben aufziehen – entweder weil man sich beim Aufpassen abwechselt oder weil sich die Kosten für eine Kindergärtnerin auf viele verteilen und dadurch erträglich werden.

Wenn Sie noch keine Kinder haben, aber noch welche haben möchten, dann müssen Sie sich leider darauf einstellen, daß es Mutterschutzfristen und ähnliche Dinge für Sie nicht geben wird. Als Selbständige werden Sie wahrscheinlich, wenn es irgend geht, bis zum letzten Tag arbeiten und gleich nach der Klinikentlassung wieder damit anfangen. Eine monatelange Kindespause ist in den ersten Jahren der Selbständigkeit nicht drin.

Mit Ihrem Partner müssen Sie natürlich auch über die zu erwartenden Finanzprobleme sprechen. Nur selten verdienen Sie bei einer Neugründung vom ersten Tag an Geld. Klären Sie möglichst vorher, ob bei einem finanziellen Engpaß die gemeinsamen Sparbücher geopfert werden sollen, ob jemand in der Familie noch zusätzliches Geld aufbringen kann (manchmal greifen Väter ihren Töchtern mit einem zinslosen Darlehen unter die Arme) oder ob die Familie bereit ist, sich vorübergehend der neugegründeten Firma zuliebe etwas einzuschränken.

Zur Selbständigkeit gezwungen

Manche Frauen machen sich selbständig, weil ihnen gar nichts anderes übrigbleibt. Sie gründen eine eigene Firma – nur um Arbeit zu haben (was übrigens gar nicht immer die schlechteste Lösung ist). Sei es, weil sie nach einer Scheidung wieder ins Berufsleben einsteigen wollen oder müssen, aber keinen Job finden. Sei es, weil sie nach langer Arbeitslosigkeit alle Hoffnung auf eine neue Anstellung aufgegeben haben.

Wer nach einer Scheidung Anspruch auf Unterhaltszahlungen hat, der behält diese Ansprüche auch in der Selbständigkeit. Und zwar voll und ganz, solange die Verluste Ihrer Firma höher sind als die Gewinne. Verändert sich die Bilanz zugunsten der Gewinne, werden diese mit den Unterhaltszahlungen verrechnet. Erst wenn die Jungunternehmerin so viel Geld einnimmt, daß der Gewinn die Höhe des Unterhaltes übersteigt, darf ihr Ex-Mann die Zahlungen einstellen.

Sollte Ihre Firma kurzfristig erfolgreich gewesen sein und Sie machen unvermutet Pleite, dann muß geprüft werden (am besten von einem Rechtsexperten), ob die Unterhaltszahlungen in Ihrem speziellen Fall wieder aufleben. Das hängt zum Beispiel von der Dauer Ihrer Selbständigkeit, aber auch von der Länge Ihrer früheren Ehe ab.

Wer arbeitslos ist und sich selbständig machen will, der sollte vorher mit dem Arbeitsamt reden. Denn der Staat ist in solchen Fällen durchaus bereit, mutigen Jungunternehmerinnen unter die Arme zu greifen. Wenn Sie mindestens zehn Wochen als arbeitslos gemeldet waren (drunter geht nichts), dann bekommen Sie in den ersten 13 Wochen Ihrer Selbständigkeit vom Arbeitsamt ein Überbrückungsgeld, sozusagen als „Einstiegshilfe", und auch Zuschüsse zur Krankenversicherung und zur Altersversorgung.

Sogar für Menschen, die sich noch nicht recht entscheiden können, ob sie sich selbständig machen wollen oder nicht, hält das Arbeitsamt eine Unterstützung bereit. Allerdings nur unter der Voraussetzung, daß Sie Ihre Selbständigkeit wieder aufgeben würden, wenn Ihnen ein Job nachgewiesen wird. Dann wird Ihr Arbeitslosengeld weitergezahlt, allerdings mit dem Gewinn, den Sie erwirtschaften (abzüglich bestimmter Freibeträge), verrechnet. Die Einschränkung dabei: Sie dürfen Ihren Betrieb zwar gründen, müssen aber nachweisen (oder besser: glaubhaft machen), daß Sie nicht mehr als 20 Stunden in der Woche dafür arbeiten.

Eine solche Teil-Selbständigkeit – sozusagen auf Widerruf – kommt natürlich nicht für jeden in Frage. Wenn Sie aber vielleicht eine Idee, die keine großen Investitionen erfordert, erst einmal darauf abklopfen wollen, ob sie überhaupt die Basis für eine Selbständigkeit sein kann, oder wenn Sie noch nicht so recht wissen, ob Sie sich mit jemand anderem zusammentun wollen, oder wenn jemand bereit ist, Sie sozusagen „auf Probe“ mitmachen zu lassen – dann ist diese Möglichkeit zumindest eine Überlegung wert. Wichtig ist: Unternehmen Sie noch nichts, ohne vorher mit dem zuständigen Sachbearbeiter des Arbeitsamtes darüber gesprochen zu haben. In der Regel steht man dort solchen Unternehmungen durchaus aufgeschlossen gegenüber.

Wer in einem ganz normalen Arbeitsverhältnis steht und es beenden will, um sich selbständig zu machen, sollte vorher einen Blick in seinen Arbeitsvertrag werfen. Und sich vor allem die Kündigungsfristen anschauen. Fristlos zu kündigen, nur weil man gerade einen leerstehenden Laden entdeckt hat, ist selten von Vorteil. Trennen Sie sich lieber fristgemäß und in Frieden von Ihrem Arbeitgeber. Mit einem guten Zeugnis als Rückversicherung – für den Fall, daß es mit der Selbständigkeit doch nicht klappen sollte.

Wer schließlich noch studiert oder in einer anderen Ausbildung steckt, sich aber trotzdem Hals über Kopf selbständig machen will, weil sie/er darin eine große Chance sieht – der sollte sich gut überlegen, ob die Chance wirklich so groß ist, daß sich dafür der Abbruch der Ausbildung lohnt.

Checkliste 1: Haben Sie das Zeug zur Unternehmerin?

Die folgenden Fragen sollen Ihnen helfen, Ihre persönliche Eignung zu überprüfen. Je mehr Fragen Sie mit „Ja" beantworten, desto leichter wird der Schritt in die Selbständigkeit für Sie sein.

- Sind Sie bereit, für Ihre Selbständigkeit auf Freizeit und Urlaub zu verzichten?
- Sind Sie körperlich gesund und belastbar?
- Sind Sie psychisch belastbar genug, um Streßsituationen auszuhalten?
- Sind Sie risikobereit und flexibel?
- Sind Sie selbstbewußt?
- Sind Sie bereit, ständig dazuzulernen?
- Können Sie mit Menschen umgehen?
- Können Sie sich gut verkaufen, andere Leute davon überzeugen, daß Ihre Arbeit besser ist als die anderer?
- Können Sie Konflikte aushalten?
- Können Sie Entscheidungen treffen, die für andere unangenehm sein können?
- Behalten Sie den Überblick, wenn sich mehrere Probleme gleichzeitig stellen?
- Können Sie wichtige Dinge von unwichtigen unterscheiden?
- Sehen Sie auch unangenehmen Gesprächen gefaßt entgegen?
- Können Sie sich selbst anspornen?
- Möchten Sie erfolgreich sein?
- Können Sie Rückschläge und Enttäuschungen verkraften?
- Ist Ihnen klar, daß Sie unter Umständen viel Geld verlieren können?

- Haben Sie genug Geld, um in den ersten Monaten ohne Einnahmen aus der neuen Firma über die Runden zu kommen?
- Ist Ihre Familie mit Ihrer Selbständigkeit einverstanden?
- Gibt es in Ihrem Bekanntenkreis Leute, die sich selbständig gemacht haben und Ihnen ihre Probleme offen geschildert haben?
- Ist Ihnen klar, daß Frauen es bei Banken und Behörden oft schwerer haben als Männer?

2
Planung

Bereiten Sie sich gründlich vor

Wenn es über Ihre persönliche Eignung zur Selbständigkeit keine Zweifel mehr gibt, wenn Sie in Ihrer Familie die notwendige Unterstützung finden – wenn also Ihr Entschluß, sich selbständig zu machen, feststeht, dann beginnt eine schwierige Zeit: die Planungsphase. Sie ist fast immer entscheidend für den späteren Erfolg oder Mißerfolg Ihres Unternehmens.

Nehmen Sie sich Zeit – möglichst Monate. Experten gehen davon aus, daß zwischen der ersten Idee und der Gründung eines neuen Unternehmens mindestens neun bis zehn Monate liegen sollten. Überstürzen Sie nichts – Fehler, die Sie in dieser Phase machen, können später viel Geld kosten.

Spielen Sie, zunächst auf dem Papier, die verschiedensten Möglichkeiten durch. Welche Möglichkeiten der Selbständigkeit sich für Sie anbieten – welche Voraussetzungen Sie wofür erfüllen müssen – wieviel Zeit Sie in Ihr Jungunternehmen stecken können – ob Sie allein arbeiten oder vielleicht mit anderen zusammen – ob Sie Geschäftsräume brauchen und wo der richtige Platz dafür sein könnte. Setzen Sie sich mit allen Realisierungsmöglichkeiten auseinander.

Wenn Sie dann, immer noch auf dem Papier, die ersten Entscheidungen getroffen haben, sollten Sie ein detailliertes Unternehmenskonzept ausarbeiten – und zwar schriftlich. Das ist weniger kompliziert, als es zunächst klingen mag. Sie brauchen nur hintereinander aufzulisten, was Sie genau vorhaben. Allerdings alles, auch Dinge, die Ihnen vielleicht selbstverständlich oder überflüssig und unwichtig vorkommen.

Da sind zunächst einmal Ihre **Ziele:** Was wollen Sie verkaufen, produzieren oder den Leuten als Dienstleistung anbieten? Notieren Sie sich aber nicht nur: eine Boutique eröffnen, sondern definieren Sie diese Boutique genau: Wollen Sie nur Damenbekleidung verkaufen oder auch Herren- und Kindermode? Soll Ihr Angebot in der unteren oder eher in der oberen Preisklasse liegen? Haben Sie vor, in dieser Boutique noch irgend etwas Besonderes anzubieten, zum Beispiel Sondergrößen oder Accessoires?

Nach der Zielvorstellung folgt die **Markteinschätzung:** Wie groß könnte die Nachfrage sein? Gehen Sie dabei ruhig davon aus, daß die Menschheit bisher auch ohne Ihre Firma ausgekommen ist. Wie viele Leute können Sie also animieren, gerade Ihr Kunde zu werden? (Für diesen Punkt gibt es Experten, die Ihnen helfen können – mehr darüber im Kapitel „Beratung" ab Seite 59) Läßt sich der Markt noch ausbauen? Wieviel Konkurrenz gibt es?

Dann folgt die **Standortanalyse:** Ist der Ort, an dem Sie Ihre zukünftige Firma ansiedeln wollen, entscheidend für Ihren Erfolg? Bei einem Geschäft zum Beispiel ist der Standort immer außerordentlich wichtig. Wenn ja, ist der Ort, den Sie im Auge haben, wirklich der richtige?

Nicht vergessen dürfen Sie natürlich Ihre **fachlichen Qualifikationen.** Aber von denen sind Sie ja vermutlich ausgegangen.

Ein klares, sehr ausführliches Unternehmenskonzept macht Ihnen etwaige Schwachpunkte Ihrer Planung sozusagen schwarz auf weiß klar. Es hilft Ihnen, manche Risiken zu verkleinern, manche Fehlerquellen von vornherein auszuschalten. Es hilft Ihnen aber nicht nur bei Ihren eigenen Überlegungen, es hilft Ihnen auch bei den späteren Gesprächen mit Banken und Behörden. Je schlüssiger und lückenloser Ihre Planung ist, desto leichter werden Sie Unterstützung und Geldgeber für Ihr Projekt finden.

Wenn Sie schon in der Planungsphase feststellen, daß sich Ihnen – zumindest zur Zeit – unüberwindbare Hindernisse in den Weg stellen oder daß Ihre Idee vielleicht doch nicht so gut ist wie Sie zuerst dachten, dann sollten Sie Ihr Projekt unverzüglich abbrechen. Denn noch halten sich Enttäuschungen und finanzielle Verluste in Grenzen.

Kosten, die Ihnen schon entstanden sind, können Sie übrigens bei Ihrer nächsten Steuererklärung geltend machen.

Ideen und Marktlücken

Frauen, die sich in ihrem erlernten Beruf selbständig machen, wissen besser als Frauen, die sich einer für sie neuen Branche zuwenden, was in der Selbständigkeit auf sie zukommt. Im Idealfall kennen sie Einkaufsquellen, Konkurrenz, eventuell schon Kunden und haben Verbindungen. Gründer mit Branchenerfahrung können einem Bankangestellten ihre Vorstellungen und Erwartungen eher klarmachen als Neulinge. Aus jahrelanger Erfahrung kennen sie ihre persönlichen Schwachstellen (bei einer Handwerkerin ist das vielleicht der kaufmännische Teil des Unternehmens) und können beurteilen, für welche Bereiche sie sich besser nach fachkundiger Hilfe umsehen sollten. Wer sich dagegen auf völliges Neuland begibt, der macht eine Rechnung mit sehr vielen Unbekannten auf.

Fachkenntnisse allein garantieren allerdings noch nicht, daß Sie auf dem Markt auch ankommen. Besser ist es, wenn Sie eine Marktlücke entdeckt haben oder wenn Sie mit einer ganz speziellen Idee aufwarten können, die – wieder im Idealfall – auf Ihrem Fachwissen aufbaut.

Als Markt bezeichnet man das Verhältnis von Angebot und Nachfrage. Eine Marktlücke ist da, wenn ein ganz bestimmtes Angebot fehlt. Allerdings sollte gewährleistet sein, daß die Nachfrage auch wirklich vorhanden ist oder – bei Neuheiten – geweckt werden kann.

Nehmen wir ein einfaches Beispiel: eine Buchhandlung. Sie stellen fest, daß es in einem bestimmten Teil Ihrer Stadt weit und breit keine Buchhandlung gibt. Und Sie würden sich gern mit einer Buchhandlung selbständig machen. Nun können Sie aber keineswegs davon ausgehen, daß eine Buchhandlung in dieser Lage ein Renner wäre, nur weil es die einzige ist. Untersuchen Sie zunächst, ob es in diesem Stadtteil überhaupt genug Menschen gibt, die regelmäßig Bücher kaufen. Vielleicht ist es ja ein Viertel mit hohem Ausländeranteil oder eine Gegend, in der sich vor allem Büros angesiedelt haben.

Eine Marktlücke läßt sich aber auch noch finden, wenn es bereits ähnliche Angebote gibt. Dabei kann es sich um einen besonderen Service oder um Spezialisierung handeln. Um bei unserer Buchhandlung zu bleiben: Ein besonderer Service wäre es, wenn die Kunden bei Ihnen gemütliche Lese-Ecken vorfinden, in denen sie in Ruhe schmökern können, bevor sie sich für ein Buch entscheiden. Eine Spezialisierung wäre es, wenn Sie eine Hobby- und Freizeitbuchhandlung oder einen Kinderbuchladen eröffnen. In beiden Fällen aber profitieren Sie immer noch von Ihren Kenntnissen als Buchhändlerin.

Andere Lücken könnte zum Beispiel ein Friseursalon füllen, der auch montags geöffnet hat, oder ein Stoffgeschäft, das auch Nähkurse abhält.

Genauso häufig wie Existenzgründerinnen, die einen Beruf von der Pike auf gelernt haben, gibt es aber auch solche, die einfach nach etwas suchen, was ihnen Spaß machen könnte und von dem sie glauben, die Anforderungen seien erfüllbar. Nicht selten kommen dabei viele Menschen auf die gleiche Idee. Bei Frauen läßt sich – bezogen auf die letzten Jahre – eine richtige Hitliste der Selbständigkeiten aufstellen: Spitzenreiter sind der eigene Teeladen, der Wolladen, der Secondhandshop, die kleine Boutique, aber auch das Fitness-Studio.

Die Folge davon ist, daß diese „Favoriten“ inzwischen in solchen Mengen verwirklicht wurden, daß jeder einzelne seine Besitzerin nur noch in Ausnahmefällen gut ernährt. Vor allem Neugründungen können sich auf dem durch solche Betriebe übersättigten Markt kaum mehr durchsetzen. Der Kuchen ist mehr als aufgeteilt – es bleibt beim besten Willen kein Krümel mehr übrig. Die Folge davon ist, daß Sie für solche Unternehmungen im Normalfall weder mit Bankkrediten noch mit staatlichen Zuschüssen rechnen können.

Manche dieser „Lieblingskinder" haben zur Zeit ganz besondere Schwierigkeiten. In einem Bereich, auf den sich meist Männer verlegen, sind es die Videotheken: eine nach der anderen schließt ihre Pforten. Bei den „Lieblingskindern" der Frauen sind vor allem die Wollläden von der Pleitewelle betroffen: Noch vor kurzer Zeit klapperten überall in öffentlichen Verkehrsmitteln, Wartezimmern und während der Mittagspausen die Stricknadeln – plötzlich, unerwartet und ohne sichtbaren Grund hat dieser Boom nachgelassen. Aus und vorbei!

Groß im Kommen dagegen ist Service jeder Art. Dienstleistungsbetriebe finden ihre Abnehmer in zwei verschiedenen Kundenkreisen: einmal in den großen Betrieben, die immer mehr Arbeit außer Haus geben; zum anderen bei Otto Normalverbraucher, der sich heute anscheinend eher eine Arbeit abnehmen läßt als früher.

Auch hier gibt es einen klaren Frauen-Favoriten: Schreibbüros. Das ist eine Arbeit, die sich bequem zu Hause erledigen läßt, nur geringe Vorkenntnisse und kaum Startkapital erfordert.

Noch ein Trend zeichnet sich im Augenblick deutlich ab: Der gesamte Männer-Markt ist im Kommen, vor allem Männer-Mode und Männer-Kosmetik. Je exklusiver, desto besser. Jede Frau, die sich mit diesem Gedanken befreunden will, sollte allerdings wissen, daß ein schicker Männer-Shop ziemliche Investitionen und einen exquisiten (also meist teuren) Standort erfordert.

Zurück zu den Marktlücken, und sie gibt es immer wieder. Irgend jemand kam zum Beispiel auf die Idee, private Kurierdienste zu organisieren; ein anderer rief den Homesitter-Service ins Leben, die Urlaubshüter für Haus und Wohnung. Zwei Dienstleistungen, die es vorher überhaupt noch nicht gab, die aber ungeheuer gut vom Markt angenommen wurden.

Sie müssen sich aber gar nicht immer eine völlig neue Idee ausdenken. Manchmal genügt es auch schon, wenn man ein altbekanntes Produkt auf neue, witzigere Weise verkauft. Ein Beispiel dafür sind die lustigen Bonbonläden, die sogenannten Candy-Shops, die es inzwischen in vielen Städten gibt.

Natürlich können Sie die Ideen anderer auch einfach übernehmen. Wobei Sie sich allerdings fragen sollten, ob manche von ihnen vielleicht standortabhängig sind. Ein Kurierdienst funktioniert wahrscheinlich nur in einer Stadt mit vielen Geschäftsleuten und ein Homesitter-Service nur in einer teureren Wohngegend.

Vielleicht fällt Ihnen ja etwas Ähnliches oder Eigenes ein, wenn Sie die Ideen anderer Leute studieren. Zum Beispiel die folgenden Beispiele:

Zwei Düsseldorferinnen kamen auf die Idee, einen Hochzeitsservice aufzuziehen. Bei ihnen kann das Brautpaar das komplette Fest buchen oder auch nur einzelne Leistungen bestellen. Sie besorgen beispielsweise eine Schneiderin fürs Hochzeitskleid oder einen Koch fürs Menü, gestalten Anzeigen, mieten die Hochzeitskutsche, kümmern sich um den Blumenschmuck oder organisieren die Hochzeitsreise. Eine Idee wie diese läßt sich ohne großen finanziellen Einsatz zuerst einmal testen. Mit Anzeigen in Tageszeitungen stellt man schnell fest, ob für einen Service dieser oder ähnlicher Art in einer Stadt überhaupt ein Bedarf ist. Und ob er so groß ist, daß man vom Verdienst leben kann.

In Stuttgart gibt es einen Herrenausstatter-Heimservice – für Männer, die nie Lust oder Zeit zum Einkaufen haben. Ein Anruf genügt, dann rollt die Boutique auf Rädern an, und es folgt eine Art Privatmodenschau im Wohnzimmer. Wichtig bei so einer Idee ist die fachgerechte Beratung. – Und ein recht hohes Anfangskapital.

Denn wer mit drei Pullovern und drei Jeans zur Auswahl auftaucht, wird wohl kaum ein zweites Mal geholt.

Eine Berliner Designerin entdeckte eine Marktlücke, als sie auf Mode bis Kleidergröße 60 umstieg. Denn sie bot keine triste Mode an, sondern stellte schöne, farbenfrohe, unkomplizierte Sachen her. Ihre Extraweit-Boutiquen gibt es inzwischen nicht nur in Berlin, sondern auch schon in anderen Städten.

Antiquitäten- und auch Secondhand-Läden reihen sich in manchen Städten schon aneinander. Trotzdem fand eine Hamburger Stylistin, die beruflich mit Möbeln zu tun hatte, noch eine Marktlücke. Allerdings nicht mit ausrangiertem alten Trödel vom Dachboden oder Sperrmüll, sondern mit ausgesprochen schicken Designer-Modellen, mit Luxusware. Fabrikneu, aber mit kleinen Fehlern, auf dem Transport ins Möbelgeschäft oder Fotostudio beschädigt, vielleicht nur noch als Einzelstück vorrätig. Für eine solche Idee braucht man aber nicht nur die entsprechenden Kunden, sondern auch die notwendigen Kontakte zu den Firmen.

Schließlich die letzte unserer Anregungen: Verpakkungs-Boutiquen, wie es sie schon in einigen Großstädten gibt. Ihre Aufgabe besteht weniger darin, witzige Papiere, Kartons und Bänder zu verkaufen – das tun Papierwarenläden und Kunstgewerbegeschäfte auch. Ihr Service ist das Verpacken selbst – vor den Augen der Kunden wird so aus einem schlichten Buch oder einem Paar Socken ein auffallendes Geschenk – schöner Schein sozusagen. Aber: So etwas kann nur jemand, der kreativ begabt ist und viel Spaß an der Sache hat – und ständig neue Einfälle. Der Laden selbst kann winzig klein sein, aber er muß mitten in einem Einkaufsgebiet liegen. Damit der Kunde seinen Kauf gleich nebenan verpacken lassen kann. Denn hat man die Sache erst einmal zu Hause, dann wickelt man sie auch selbst ein.

Wenn Sie allerdings etwas anbieten wollen, das tatsächlich noch ganz neu auf dem Markt ist, sei es ein Produkt oder eine Dienstleistung, dann haben Sie es wiederum schwer. Nicht nur später mit den Geldgebern, die Sie von Ihrer ungewöhnlichen Idee überzeugen müssen, sondern auch bei Ihren eigenen Überlegungen und Ihren Kalkulationen. Am besten erforschen Sie zunächst auf ganz privater Basis den Markt: indem Sie bei Freunden, Bekannten und Kollegen anfragen, ob Ihre fantastische Idee auch bei anderen gut ankommt, ob also der Markt dafür reif ist. Bei der Gelegenheit können Sie auch gleich herauszufinden versuchen, was Ihre Freunde für so einen Service, für so ein Produkt ausgeben würden. Denn es ist sehr schwierig, Preise zu kalkulieren, wenn die Vergleichsmöglichkeiten fehlen. Und wie wollen Sie schließlich Ihre neue Idee überhaupt auf den Markt bringen und bekanntmachen? Rechnen Sie also bei etwas ganz Neuem mit einer längeren Planungs-, aber auch mit einer längeren Anlaufphase.

Bei einer bekannten Sache dagegen können Sie bei der Konkurrenz spionieren gehen, können Preise vergleichen, vielleicht sogar in Erfahrung bringen, wie lange beim anderen Laden die Anlaufphase dauerte.

Ganz vorsichtig und mißtrauisch sollten Sie sein, wenn in Zeitungsinseraten Unternehmensideen mit Höchstgewinn angeboten werden, für die Sie vielleicht vorher „ein kleines Seminar" besuchen müssen. Der einzige, der an so etwas wirklich verdient, ist in den meisten Fällen der Verkäufer. Lassen Sie sich also nicht von Versprechungen täuschen, prüfen Sie hier ganz besonders genau.

Frauen, die sich in Männerberufen selbständig machen, haben mit den gleichen Schwierigkeiten zu kämpfen wie Angestellte in einem solchen Beruf: Um auch nur als gleichwertig anerkannt zu werden, müssen sie sehr viel besser sein und sehr viel mehr Ahnung haben als Männer.

Fachliche Qualifikationen

Unser Grundgesetz garantiert die Gewerbefreiheit: „Alle Deutschen haben das Recht, Beruf, Arbeitsplatz und Ausbildungsstätte frei zu wählen." Und was für Angestellte gilt, das gilt selbstverständlich auch für jemanden, der sich selbständig machen will. Mit Ausnahmen allerdings.

Wer sich zu Hause mit einem Schreibtischjob selbständig macht, vielleicht Gebrauchsanweisungen für Computer entwickelt, der braucht seine Firma nur beim Finanzamt anzumelden. Wer einen Laden eröffnet oder auch einen Versandhandel, muß schon einen Gewerbeschein besitzen. Den zu beantragen und durchzubekommen ist allerdings kein allzu großes Problem (mehr über die Anmeldungsformalitäten erfahren Sie im Kapitel „Rechtsformen und Rechtsfragen" ab Seite 85).

Schließlich gibt es dann noch einige Gewerbe, die darf nur ausüben, wer eine Erlaubnis oder Zulassung hat – zum Schutz der Allgemeinheit. Entscheidend dafür, ob Sie diese Zulassung bekommen, ist nicht nur Ihre Sach- und Fachkunde, sondern in vielen Fällen vor allem Ihre persönliche Zuverlässigkeit. Woraus sich folgern läßt, daß jemand, der irgendwann einmal straffällig geworden ist – aus welchen Gründen auch immer –, es schwer haben wird, die Behörden von seiner persönlichen Zuverlässigkeit zu überzeugen. In solchen Fällen sollten Sie es immer mit einem persönlichen Gespräch versuchen.

Wer zum Beispiel mit Milch- und Milcherzeugnissen handelt, mit Arznei-, aber auch mit Pflanzenschutzmitteln, mit Hackfleisch (!), unedlen Metallen und Waffen, muß nicht nur seine Sachkenntnis nachweisen, sondern darüber hinaus ein einwandfreies Führungszeugnis vorlegen können. Fachkundig muß auch sein, wer Personen und Güter befördern will. Ein Restaurant hingegen kann man eröffnen, ohne jede Ahnung vom Kochen oder Servieren zu haben. In dem Fall genügt das Absitzen eines „Hygienekurses" – ohne Prüfung. Eine Teilnahmebestätigung reicht aus. Wieder andere Vorschriften gelten etwa für Makler, Spielhallenbesitzer, Steuerberater und andere Berufe (siehe „Rechtsfragen" ab Seite 85).

Ganz ernst und fachlich dagegen wird es, wenn Sie einen Handwerksbetrieb eröffnen wollen. Und zwar in einem der 126 Gewerbe, die in der Bundesrepublik gesetzlich als Handwerk anerkannt sind. Die Liste reicht von der Augenoptikerin bis zur Zupfinstrumentmacherin. Denn dann ist Voraussetzung für Ihre Selbständigkeit, daß Sie in die Handwerkerrolle eingetragen sind. Und dazu müssen Sie der zuständigen Handwerkskammer Ihren Meisterbrief vorlegen. Oder einen entsprechenden Ingenieurschulabschluß (falls es so etwas für Ihr Gewerbe gibt); er ist dem Meisterbrief weitgehend gleichgestellt. Diese Vorschriften werden von den Kammern sehr streng gehandhabt. Wer einen Betrieb ohne Genehmigung eröffnet und bei einer Kontrolle auffällt, muß ihn wieder schließen. Und eine Strafe zahlen.

Trotzdem gibt es Möglichkeiten, auch ohne Meisterbrief eine eigene Werkstatt zu eröffnen: mit Ausnahmegenehmigung. Zum Beispiel dürfen sich junge Handwerkerinnen, die kurzfristig einen Betrieb übernehmen können oder wollen, selbständig machen – müssen aber ihre Meisterprüfung innerhalb von zwei Jahren nachholen. Schaffen sie das nicht, müssen sie ihre Werkstatt allerdings wieder schließen.

Die zweite Ausnahmemöglichkeit: Sie tun sich mit mehreren Leuten zusammen, gründen eine Gesellschaft mit beschränkter Haftung und dürfen dann als juristische Person einen Meister als Betriebsführer einstellen. In diesem Fall muß keiner der Firmeninhaber selbst den Meisterbrief besitzen. Früher war es ein beliebter Trick, sozusagen gegen ein Handgeld diese Aufgabe einem pensionierten Meister „auf dem Papier" zu übertragen und den

Betrieb dann trotzdem praktisch meisterlos zu führen. Theoretisch ginge das heute auch noch – empfehlenswert ist es nicht. Denn inzwischen ist ein Mindestgehalt für diesen Meister vorgesehen, außerdem muß man Versicherungsbeiträge für ihn bezahlen. Daher lohnt sich die „Mogelei“ schon aus finanziellen Gründen nicht.

Schließlich gibt es noch eine dritte Ausnahmemöglichkeit: Auch die Witwe eines selbständigen Handwerkers kann das Geschäft weiterführen, wenn sie einen Meister angestellt hat. In diesem Fall muß keine Gesellschaft gegründet werden.

Wenn Sie staatliche Unterstützungen und/oder Bankkredite für eine Betriebsgründung brauchen, werden Sie fast immer eine fachliche Ausbildung nachweisen müssen – auch wenn sie vom Gesetz für diesen Fall nicht vorgeschrieben ist.

Fachliche Qualifikationen und Berufserfahrungen stellen aber immer eine Sicherheit dar. Und nicht nur für die Banken, sondern auch für Sie selbst und Ihr Unternehmen. Wer weiß, womit er handelt und was er verkauft, dem fällt vieles leichter als jemandem, der keine Ahnung von seinem Gewerbe hat. Wer sich zum Beispiel nie mit Technik beschäftigt hat, aber ein Computer-Fachgeschäft eröffnen würde, käme wahrscheinlich schon beim ersten versierten Kunden ins Schwimmen.

Besonders gern gesehen sind Sie bei jeder Bank, wenn Sie eine kaufmännische Ausbildung haben. Denn sie ist für fast jedes Unternehmen von Vorteil. Man verlangt übrigens keineswegs von Ihnen, daß Sie als Unternehmerin jede Arbeit, die in Ihrem Geschäft anfällt, selbst machen könnten – Sie sollten sich aber bei allem, was andere für Sie tun, zumindest einen oberflächlichen Eindruck verschaffen können.

Aber auch Bankangestellte sind nur Menschen. Wer

sicher auftritt, von seinen Ideen überzeugt ist, der bekommt oft auch ohne kaufmännische Ausbildung die notwendigen Mittel für einen Laden – wenn er zum Beispiel nachweisen kann, daß er öfter mal in einem ähnlichen Geschäft ausgeholfen und so zumindest in die Branche „hineingerochen" hat.

Standortfragen

Eine der wichtigsten Fragen während der Planungsphase ist, ob Ihr Unternehmen von einem bestimmten Standort abhängig ist und wenn ja, von welchem. Oder ob Sie Ihre Geschäftsidee überall verwirklichen können. Am preiswertesten arbeitet natürlich, wer sein Büro zu Hause einrichten kann. Oder wer sein Produkt, seinen Service den Kunden ins Haus bringt: eine mobile Friseuse zum Beispiel oder ein Frühstücks-Service.

Für ein „richtiges" Geschäft dagegen, und auch für bestimmte Dienstleistungen, müssen Sie sich Geschäftsräume suchen. Wo diese liegen müssen oder können, ob in einem billigen Industriegebiet oder im teuren Stadtzentrum, ist immer von der Art des Unternehmens abhängig. Nie dürfen Sie nur die Miete als Ausgangspunkt nehmen. Wer zum Beispiel eine Tierpension aufmacht, der kann ruhig an den preiswerten Stadtrand oder sogar aufs Land gehen. Bei einem exklusiven Lederwarengeschäft dagegen müssen Sie wohl oder übel in den sauren Apfel beißen und einen teuren Laden in einer guten Einkaufsgegend mieten.

Aber: Eine hohe Miete zeugt zwar, im allgemeinen, von einer **teuren** Gegend. Das muß aber noch lange nicht heißen, daß es sich auch um die **richtige** Gegend handelt. Ein Kunstgewerbegeschäft ist normalerweise in einer ruhigen Wohnstraße genauso fehl am Platze wie ein Blumenladen im Uni-Viertel.

Die richtige Lage kann entscheidend sein für Erfolg oder Mißerfolg. Überlegen Sie also, bevor Sie einen Mietvertrag unterschreiben, noch einmal ganz genau, wen Sie mit Ihrem Unternehmen ansprechen wollen. Und ob Sie diese Menschen am geplanten Standort auch wirklich erreichen.

Als nächstes sollten Sie eine Vorstellung davon haben, wieviel Platz Sie brauchen und wie groß die einzelnen Räume sein müssen. Für einen Verpackungsshop, einen Spezialimbiß oder einen Saftstand können schon zehn Quadratmeter ausreichen. Eine Boutique dagegen – und sei sie noch so klein – sollte mindestens fünfmal so groß sein. Am besten schauen Sie sich mal unauffällig in vergleichbaren Geschäften um. Und schätzen Sie deren Größe ab. Viermal die Breite der Eingangstür – das entspricht einer Raumbreite von dreieinhalb bis vier Metern. Und stellen Sie sich dann die Frage, ob Sie sich – als Kundin – in diesem Geschäft wohl fühlen oder ob alles sehr beengt ist, Sie vielleicht dauernd gegen einen Kleiderständer laufen.

Natürlich ist letztendlich immer das Angebot entscheidend. Ein ausgesuchtes, sehr spezielles Angebot verkauft sich auch auf minimaler Verkaufsfläche. Schlecht ausgesuchte Ware dagegen wird man auch nur schlecht los, selbst wenn sie aufs Großzügigste verteilt wurde.

Wenn Sie wissen, in welchem Stadtteil Ihre Räume liegen sollten oder können und wieviel Platz Sie ungefähr brauchen, dann sollten Sie sich als nächstes über die Miete informieren. Am besten und einfachsten nehmen Sie sich die Tageszeitung mit den Anzeigen der gewerblichen Räume. Und vereinbaren zwei oder drei Besichtigungstermine. Dann bekommen Sie nämlich einen Überblick, was Sie wo für welchen Preis angeboten bekommen. Und wissen, wonach Sie beim nächsten Mal schon am Telefon fragen müssen.

Angenommen, Sie finden etwas, von dem Sie glauben, das könnte es sein. Dann beginnt die Kleinarbeit: Sie müssen eine Standortanalyse erarbeiten. Dafür gibt es

Experten (siehe Kapitel „Beratung“ ab Seite 59). Sie legen Ihnen genaue Ermittlungen über die Kaufkraft der Bewohner der näheren Umgebung vor – oder können diese berechnen. Solche detaillierten Experten-Aufstellungen sind aber nicht immer notwendig. Vieles können Sie durch eigene, intensive Recherchen auch selbst feststellen.

Achten Sie bei der ersten Besichtigung nicht nur auf die Größe der eigentlichen Geschäftsräume, sondern auch darauf, ob sich das Geschäft eventuell erweitern läßt, ob ausreichend Lagerraum zur Verfügung steht (falls das für Ihr Vorhaben notwendig ist). Dann kommen die Äußerlichkeiten an die Reihe: Liegt der Laden in einer Nebenstraße oder an einer Hauptstraße? Hauptstraßen sind immer besser, Sackgassen eine Katastrophe. Lassen sich Schaufenster und Fassade attraktiv gestalten – als sogenannte Hingucker? Ist Ihr Geschäft für Lieferanten gut erreichbar? Sind genügend Parkplätze in der Nähe? Das ist bei Restaurants, Cafés und ähnlichem ganz besonders wichtig. Gibt's, wenn Sie Büroräume mit Publikumsverkehr haben, einen Aufzug im Haus? Oder müssen Ihre zukünftigen Kunden vier Etagen zu Fuß steigen?

Dann kommt die nähere Umgebung an die Reihe. Wie sind die Verkehrsverbindungen, wo ist die nächste Konkurrenz? Am besten besuchen Sie „Ihren“ Laden in den nächsten Tagen mehrmals zu verschiedenen Tageszeiten, vor allem, wenn Sie die Gegend nicht so gut kennen. Denn dann können Sie schnell feststellen, ob dort viel eingekauft wird oder wenig, ob vielleicht nur am Dienstag, wenn dort Wochenmarkt ist, viel Betrieb ist und sonst gar nichts läuft. Eventuell sehen Sie auch schon, ob es eine vorherrschende Altersgruppe gibt. Gehen Sie ruhig auch mal in Nachbargeschäfte, und reden Sie mit den Inhabern. Manchmal kann schon die Wahl der richtigen Straßenseite (die ruhige oder die belebte) entscheidend für den Erfolg sein.

Vergessen Sie diesen Standort, wenn es ringsum zahlreiche ähnliche Anbieter gibt. Vergessen Sie ihn aber auch, wenn es zwar nur einen Konkurrenten gibt, der aber ein weitaus größeres, interessanteres Angebot hat, als Sie es sich in der Anfangsphase leisten können.

Schließlich sollten Sie sich auch erkundigen, ob es vorher an dieser Stelle schon einmal Firmen mit einem Angebot gegeben hat, das dem Ihren entspricht. Und warum die wieder verschwunden sind. Schließlich: Warum gibt der Vorbesitzer, gleich welcher Branche, auf oder verändert sich?

In einem neuen Einkaufszentrum können Läden immer wieder leer stehen. Zum Beispiel, wenn eine Bevölkerung sich mit Händen und Füßen gegen dessen Bau gewehrt hat. Dann akzeptiert sie es womöglich auch nach Jahren noch nicht und fährt nach wie vor zum Einkaufen in den nächsten Ort. Ihr Vorhaben ist dann zwar nicht in jedem Fall zum Scheitern verurteilt, aber Sie werden es in diesem Zentrum viel schwerer haben als an einem anderen Standort.

Lassen Sie sich nie von einem Makler drängen und zu übereilten Abschlüssen hinreißen. Nur selten ist eine Lage so einmalig, daß man sich wirklich innerhalb ganz kurzer Frist entscheiden muß.

In den meisten Städten wird zur Zeit viel mehr Gewerberaum angeboten als verlangt. Sie haben die Wahl. Nur selten ist nichts Vergleichbares zu finden.

Schließlich gibt es noch die Möglichkeit, daß es gerade für Ihr Vorhaben einen wirklich idealen Platz gibt – diesen und keinen anderen –, dort aber zur Zeit keine freien Räume sind. Dann sprechen Sie mit der Hausverwaltung. Wenn Sie sich ein bißchen Zeit lassen, können Sie sich wahrscheinlich auf eine Warteliste setzen lassen.

Dann kann schließlich der Abschluß eines Mietvertrages folgen. Wollen Sie Ihr Jungunternehmen allerdings mit öffentlichen Mitteln und Zuschüssen finanzieren, müssen diese zuerst beantragt und genehmigt werden (siehe auch Kapitel „Finanzierung“ ab Seite 73). Kommen Sie statt dessen bereits mit einem unterschriebenen Mietvertrag zum zuständigen Sachbearbeiter, wird er Ihnen sagen, Sie hätten den zweiten Schritt vor dem ersten getan – und sich damit die Zuschüsse verwirkt (siehe auch Seite 78).

Noch ein Wort zur Miethöhe. Sie muß natürlich im Verhältnis zum geplanten Umsatz stehen. Als Anhaltspunkt: Bei einem Einzelhandelsgeschäft sollte die Miete nicht mehr als fünf Prozent des Umsatzes ausmachen. Informieren Sie sich auch vor Vertragsabschluß, ob und in welcher Höhe eventuell Maklerkosten fällig werden. Wenn sich eine angebliche Hausverwaltung später als Maklerbüro entpuppt, können das einige tausend Mark sein, mit denen man nicht gerechnet hat.

Beim Abschluß des Mietvertrages sollten Sie sich nie auf mündliche Absprachen verlassen. Halten Sie alles schriftlich fest. Nicht nur die Größe und Beschreibung der Räume, sondern auch, ob Parkplätze dazugehören, Zufahrtsmöglichkeiten, ob es einen Hausmeister oder ähnliches gibt, ob Sie Firmenschilder und Leuchtreklame anbringen dürfen. Achten Sie auch darauf, daß der Vertragszweck nicht zu sehr eingeengt wird, daß beispielsweise als Bezeichnung „Bekleidungsgeschäft“ genannt wird, nicht „Babykleidung“ oder „Lederboutique“. Sonst sind Sie, falls Sie je Ihr Sortiment verändern wollen, vom guten Willen des Vermieters abhängig. Ihre Bewegungsfreiheit wäre dadurch stark eingeschränkt.

Fragen Sie nach Abstandssummen, die eventuell zu zahlen sind und wofür. Legen Sie auch fest, was bei einem eventuellen Auszug passiert, ob Sie Teppichböden erneuern und Räume renovieren müssen, was mit Einbauten und Umbauten passiert, die Sie vielleicht vornehmen wollen. Achten Sie darauf, daß Ihr Mietvertrag eine gewisse Laufzeit hat und eine Verlängerungsklausel enthält.

Und schließlich noch ein ganz wichtiger Punkt: Gehen Sie, bevor Sie den Mietvertrag unterschreiben, bei der zuständigen Baubehörde vorbei. Erkundigen Sie sich, ob in der Nähe Ihres zukünftigen Unternehmens bauliche Veränderungen geplant sind. Denn als Inhaberin eines neuen Geschäftes, das sich Stammkunden erst erwerben muß, würden Sie eine monatelange Baustelle direkt vor Ihrer Ladentür kaum überstehen.

Konkurrenzbeobachtung

Um Ihre Konkurrenz müssen Sie sich ein ganzes Geschäftsleben lang kümmern, von der Geschäftsidee angefangen über die Wahl des Standortes bis hin zur späteren täglichen Praxis.

Man hört so oft, daß Konkurrenz das Geschäft belebt. So ganz stimmt dieser Satz nicht. Wenn sich zwei Konkurrenten „bekriegen", dann hat die Vorteile meist einzig und allein der Kunde. Ihm kommen eventuelle Billigangebote zugute. Von den beiden (oder mehr) Konkurrenten dagegen bleibt meist einer auf der Strecke. Und das ist in vielen Fällen der junge Nachwuchsunternehmer.

Wenn Sie etwas Ausgefallenes verkaufen wollen, ein Produkt oder eine Dienstleistung, müssen Sie sich informieren, ob es überhaupt schon Konkurrenz für Sie gibt und wo diese sitzt. Eine erste Hilfe ist dabei das Branchentelefonbuch. Danach können Sie entscheiden, ob diese Konkurrenz Sie stört oder nicht.

Bei einem eher „normalen" Angebot müssen Sie sich spätestens bei der Standortfestlegung um die Konkurrenz kümmern. Gibt es Firmen mit einem vergleichbaren Angebot in nächster Nähe? Wenn ja, informieren Sie sich, ob die Konkurrenzfirma leistungsstark und kapitalkräftig ist, ob sie einen guten Service bietet oder ob sie Schwachpunkte hat. Aber: Können Sie sich als Neuling auf einen Konkurrenzkampf einlassen? Sind Sie überhaupt darauf angewiesen, Ihre Kunden der Konkurrenz abzujagen, oder ist der Bedarf so groß, daß auch zwei oder mehr Firmen nebeneinander gut existieren können? Denken Sie auch mal darüber nach, wie die Konkurrenz vielleicht auf Ihre neugegründete Firma reagieren mag. Ob sie Ihnen vielleicht mit einer monatelangen Dumpingpreis-Kampagne zusetzen wird? Falls das der Fall sein könnte, planen Sie entsprechende Reserven im Finanzplan mit ein.

Schlecht ist es, wenn Sie sich gerade an Ihrem Platz installiert haben und Ihnen die Konkurrenz quasi auf dem Fuße folgt. Dann müssen Sie noch mehr als sowieso schon notwendig die Kunden davon überzeugen, daß Ihr Produkt, Ihr Service ganz einfach besser sind.

Eine Firma zu zweit

Manchmal ist es, aus den verschiedensten Gründen, notwendig oder auch einfach vorteilhaft, eine neue Firma nicht allein, sondern zusammen mit anderen, mit einem Partner oder auch mit mehreren, zu gründen. Das kann in der Arbeit selbst begründet liegen, wenn man selbst vielleicht kaufmännisch ganz begabt ist, aber ein technisch versierter Mensch dem Unternehmen guttun würde. Oder wenn zum Beispiel bei einem Handwerksunternehmer der notwendige Meisterbrief fehlt. Oder man die zu erwartende Arbeit gar nicht allein schaffen kann, aber statt mit Angestellten lieber mit gleichberechtigten Partnern arbeiten möchte.

Ein Gemeinschaftsunternehmen kann für Frauen mit kleinen Kindern nützlich sein: wenn jede der Partnerinnen mit einem Teileinkommen gut zurechtkommt, dafür aber noch genug freie Zeit für die Kinder übrig behält.

Notwendig kann eine Partnerschaft auch sein, wenn das Eigenkapital nicht reicht und man noch finanzkräftige Mitstreiter braucht.

Neben diesen praktischen gibt es aber auch ganz andere Gründe, die zu einer Partnerschaft führen. Da träumen zwei Freundinnen schon jahrelang davon, irgend etwas zusammen auf die Beine zu stellen. Da soll der Lebenspartner auch zum Geschäftspartner werden. Oder, was nach einer Anlaufphase im eigenen Geschäft häufiger vorkommt: Man mag einfach nicht mehr allein arbeiten, sondern will sich nun mit anderen zusammentun – und zwar als gleichberechtigte Partner.

Ob Sie aber eine Partnerschaft aus praktischen oder aus persönlichen Gründen anstreben – zunächst einmal sollten Sie nicht nur sich selbst, sondern auch Ihre potentiellen Partner prüfen, ob eine Partnerschaft auch funktionieren kann. Denn das Risiko einer Geschäftsgründung wird nicht kleiner, je mehr Leute am Geschäft beteiligt sind . . .

Wenn man jemanden lange kennt, ist das zwar noch keine Garantie für eine gute geschäftliche Partnerschaft, aber es erleichtert doch die Einschätzung des anderen. Wenn Sie früher schon festgestellt haben, daß Ihre Freundin nicht mit Geld umgehen kann – wenn Ihre Freundin bemängelt, daß Sie sich nie entscheiden können – wenn Sie wissen, daß Sie und Ihr Lebenspartner jeder einen persönlichen Freiraum braucht, daß Sie sich auf die Nerven gehen, wenn Sie 24 Stunden am Tag aufeinanderhokken – wenn Sie also wissen, daß Ihre geschäftliche Partnerschaft auf nicht ganz standfesten Füßen stände, dann sollten Sie sich lieber nach einem anderen Partner umschauen.

Wer einen potentiellen Partner noch nicht so gut kennt (wobei Privatleben und Geschäftsleben sowieso zwei verschiedene Schuhe sind), der sollte ihn/sie genau unter die Lupe nehmen – und akzeptieren, daß die Gegenseite dasselbe tut. Wer ein neues Geschäft zusammen mit anderen aufmachen will, hat dazu während der Planungsphase die ideale Gelegenheit. Denn bei den diversen Verhandlungen mit Behörden und Banken, bei der Suche nach den geeigneten Räumen zeigt sich ziemlich schnell, wie sich jeder der Partner verhält: ob sie/er Entscheidungen trifft oder sich vor Verantwortung drückt, ob jeder der Beteiligten Ideen beisteuert oder ob einer dabei ist, dem nie etwas einfällt. Ob sich die zukünftigen Partner immer pünktlich einfinden oder jemand schon nach kurzer Zeit über die viele Arbeit stöhnt. Wer schon eine eigene Firma besitzt und nun eine Partnerin aufnehmen möchte, der sollte eine Art „Testlauf", eine mehrmonatige Probezusammenarbeit, arrangieren, bevor Nägel mit Köpfen – Verträge – gemacht werden. Machen Sie nie den Fehler zu denken, „das gibt sich schon, wenn wir erst richtig zusammenarbeiten". Kann sein – kann aber auch nicht sein. Und wenn Sie schon in der Probezeit irgendwas stört, sollten Sie nicht damit rechnen, daß es Ihnen irgendwann nichts mehr ausmacht, sondern sich sehr genau überlegen, ob Sie mit diesem „Fehler" leben können.

Doch nicht nur das Verhalten im Geschäftsleben sollten Sie testen. Sie sollten auch die beiden Partner-Persönlichkeiten einschätzen können. Es wird später manchen Punkt geben, bei dem Sie sich nicht einig sind, über den Sie sicher auch streiten werden. Können Sie auch miteinander reden, wenn Sie verschiedener Meinung sind?

Wenn Sie nach all diesen Überlegungen oder während Ihrer „Testphase" zu dem Ergebnis kommen, daß Sie nicht so gut miteinander zurechtkommen (zumindest was die geschäftliche Zusammenarbeit angeht), dann ziehen Sie rechtzeitig die Notbremse. Und tragen Sie es auch mit Fassung, wenn Ihre Freundin Ihnen erklärt, daß Sie als Freizeitpartnerin zwar sehr sympathisch und amüsant seien, als Geschäftspartnerin aber wohl kaum in Frage kommen. Schließlich hat die „Gegenseite" das gleiche Recht zum Rückzieher wie Sie.

Wollen Sie es aber zusammen wagen, dann sollten Sie sich zusammensetzen und alle finanziellen und organisatorischen Fragen miteinander absprechen. Klären Sie die mögliche Aufgabenverteilung genauso wie die der Kompetenzen, den finanziellen Einsatz beider Seiten genauso wie die Gewinnverteilung. Am günstigsten ist es fast immer, wenn beide Seiten etwa gleich viel Geld und Arbeit investieren und dafür beide gleich viel zu sagen haben.

Reden Sie auch schon vorher darüber, was passiert, wenn einer der Partner, aus welchen Gründen auch immer, einmal nicht mehr weitermachen will. Ob er dann auf einen Schlag voll ausgezahlt werden muß oder ob man sich auf andere Lösungen einigen kann, vielleicht auf eine Ratenzahlung oder eine stille Partnerschaft.

Sind Ihre Vor-Überlegungen soweit abgeschlossen, sollten Sie das alles schriftlich festhalten und von einem Experten, einem Rechtsanwalt, begutachten und absegnen lassen – mit Brief und Siegel. Das kostet zwar wieder Geld (mit entsprechenden Vorarbeiten Ihrerseits etwas weniger), ist aber trotzdem zu empfehlen.

Auch bei Partnern, die Sie wirklich sehr gut kennen, ist ein schriftlicher Vertrag immer angebracht. Das ist kein Mißtrauen gegenüber dem anderen, sondern ganz einfach ein normaler, geschäftlicher Vorgang. Wenn Sie den Vertrag dann hinterher gar nicht brauchen, weil alles wie von selbst läuft – um so besser.

Wenn eine verheiratete Frau zusammen mit ihrem Mann eine Firma gründet, dann gilt für die beiden genau das gleiche wie für alle anderen Geschäftspartner. Vertrag kann nicht schaden. Denken Sie nur mal an eine eventuelle Scheidung.

Andere Möglichkeiten der Selbständigkeit

Wenn Sie zwar selbständig arbeiten und selbständig sein wollen, aber keine Lust haben, nun eine Firma mit allem Drum und Dran neu zu gründen, gibt es noch andere Möglichkeiten. Voraussetzung ist allerdings auch in diesen Fällen, daß Sie eine gewisse Menge Kapital besitzen – oder es sich besorgen können.

Die einfachste: Sie steigen als Partner in ein existierendes Unternehmen ein. Dann gilt für Sie alles, was im vorangegangenen Absatz zu lesen war: Sie sollten sich nämlich ein möglichst genaues Bild von den menschlichen und fachlichen Qualitäten Ihrer zukünftigen Geschäftspartner machen, am besten während einer Probezusammenarbeit, und alle Punkte in einem genau ausgearbeiteten Vertrag klären und diesen Vertrag sollte wieder ein Rechtsanwalt aufsetzen.

Die nächste Möglichkeit: Sie übernehmen einen Betrieb, der schon längere Zeit besteht und im Markt eingeführt ist. Firmen, die zu verkaufen sind, werden in den Zeitungen unter „Geschäftsverbindungen" angeboten. Aber auch Handwerkskammern und Industrie- und Handelskammern sind darüber meist informiert. In vielen Städten gibt es auch spezielle Makler, die sich bevorzugt mit dem Vermitteln von Firmen beschäftigen. Ideal ist es, wenn man eine Firma übernimmt, die einen gesicherten Auftragsbestand hat, einen guten Kundenstamm, deren Marktsituation und Zukunftsaussichten rosig sind. Allerdings – solche Firmen gehören nicht zu den preiswerten.

In so einem Fall sollten Sie noch herauszufinden versuchen, warum das Geschäft verkauft wird. Und ob es womöglich wegen persönlicher Verbindungen des Besitzers so gut lief – die Sie als Nachfolger nicht haben. Und ob der Verkäufer nicht in absehbarer Zeit ein Konkurrenzunternehmen aufmacht und seine alten Kunden zu sich herüberzieht.

Wer eine bestehende Firma kauft, der es nicht so gut geht, der hat nicht nur genauso viele, sondern manchmal sogar noch mehr Probleme als bei einer Neugründung. Weil man unter Umständen erst einmal gegen einen schlechten Ruf ankämpfen muß (und das ist weit schwieriger als sich einen guten Ruf zu erwerben). Weil man vielleicht irrtümlich denkt, daß man einen komplett ausgestatteten Laden übernimmt (und dann drei Monate später vor der ersten zusammengebrochenen Maschine steht – ein Punkt, der im Finanzplan nicht einkalkuliert wurde).

Problematisch bei Übernahmen ist die Einschätzung der Lage. Der Vorbesitzer Ihrer Firma ahnt vielleicht schon, daß in Zukunft Probleme auf ihn zukommen werden. Und verkauft seine Firma, solange die Bilanzen noch rosig aussehen. Deshalb sollten Sie vorsichtshalber immer das Geld ausgeben und sich Fachleute engagieren: einen Steuerberater, der aus Buchungsunterlagen, Bilanzen, Steuererklärungen etc. die derzeitige Geschäftslage ablesen kann; einen Gutachter, der die Firma selbst, Standort, Ausstattung und ähnliches einschätzen kann. Verlassen Sie sich nicht auf ein Gutachten, das Ihnen der Verkäufer vorlegt.

In jedem Fall brauchen Sie einen Rechtsanwalt, der Ihnen die Verträge ausarbeitet. Er stellt fest, ob Sie nicht unter Umständen Schulden mit übernehmen (zum Beispiel auch Steuerschulden), ob der Mietvertrag problemlos auf Sie überschrieben wird, ob Sie Angestellte übernehmen müssen, ob Sie von Anfang an völlig freie Hand in der Geschäftsführung haben. Sollten Sie auf den Rechtsanwalt verzichten, dann müssen Sie auf jeden Fall einen Stichtag vereinbaren und ausdrücklich festhalten, daß alle Verbindlichkeiten bis zu diesem Tag vom Verkäufer getragen werden und Sie als Käuferin erst danach zuständig sind.

Sowohl Banken als auch Unternehmensberater befürworten grundsätzlich den Kauf einer bestehenden Firma. Weil man etwas, was es schon gibt, immer besser bewerten und einschätzen kann als etwas noch nicht Existierendes.

Schließlich gibt es noch eine letzte Möglichkeit der Selbständigkeit mit teilweise eingeschränktem Risiko: das Franchising-System. Das ist eine Art Filialsystem mit einer meist großen Muttergesellschaft, die Lizenzen an selbständige Sub-Unternehmer vergibt. Solche Beteiligungen verkaufen zum Beispiel einige Kosmetikfirmen, Tiefkühlkosthersteller, Textil- und Möbelhersteller und einige andere. Die Konditionen ähneln sich. Sie müssen beim Franchising eine Einstandsgebühr von einigen tausend Mark bezahlen und dann laufend einen bestimmten Prozentsatz vom Warenwert. Dafür bietet Ihnen die Muttergesellschaft ein eingeführtes Produkt, eventuell einen bekannten Namen, ein komplettes Organisationssystem, eventuell Gebietsschutz. Manche Firmen helfen Ihnen bei Planung und Ausstattung des Geschäftes, bei Einkauf und Personalschulung, Marktforschung und Werbung. Da es aber auch auf diesem Gebiet einige schwarze Schafe gibt, sollten Sie genau prüfen, ob Sie für Ihr Geld wirklich einen realen Gegenwert oder nur papierne Versprechungen bekommen.

Checkliste 2: Haben Sie Ihren Start gut geplant?

Hier können Sie überprüfen, ob Sie alles nur Mögliche getan haben, damit Ihr Unternehmen ein Erfolg wird. Beantworten Sie eine wichtige Frage mit „Nein“, müssen Sie noch etwas Planungszeit investieren, um auch diesen Punkt zu klären.

- Sind Sie sicher, daß für Ihr Produkt/Ihre Leistung eine Nachfrage besteht?
- Ist Ihnen klar, daß manche Ideen kurzlebig sind?
- Läßt sich Ihr Angebot/Ihr Service notfalls verändern oder ausweiten?
- Besitzen Sie alle für Ihr Vorhaben notwendigen Prüfungen und fachlichen Qualifikationen?
- Sind Sie am geplanten Standort konkurrenzlos?
- Falls Konkurrenz vorhanden ist: Sind Sie besser?
- Wenn Sie auf Laufkundschaft angewiesen sind: Ist diese am geplanten Standort vorhanden?
- Sind die Verkehrsverhältnisse (öffentliche Verkehrsmittel, Parkplätze) so, daß Kunden und Lieferanten Ihre Firma problemlos erreichen können?
- Haben Sie sich nach dem zukünftigen Bebauungsplan des ausgesuchten Gebietes erkundigt?
- Wenn Sie zu Hause arbeiten: Ist Ihr Vermieter damit einverstanden, daß eventuell Teile der Wohnung zum Büro umfunktioniert werden?
- Haben Sie mit eventuellen Partnern einen detaillierten Vertrag ausgearbeitet?
- Haben Sie bei der Übernahme eines Betriebes geprüft, weshalb er verkauft wird?
- Haben Sie beim Kauf einer Firma Experten um Rat gefragt: Steuerberater, Gutachter, Rechtsanwalt?
- Sind Sie beim Franchising sicher, daß Leistungen der Firma nicht nur auf dem Papier bestehen?

3
Beratung

Lassen Sie sich helfen

Manche Frauen traf ich bei den Recherchen für dieses Buch, die hatten sich einfach fest vorgenommen „das will ich – und das kann ich". Und zuckten bei der Frage, woher sie das konnten und woher sie das wußten, nur mit den Schultern. Ein so gesundes Selbstbewußtsein ist sicher nicht die schlechteste Ausgangsbasis für den Schritt in die Selbständigkeit.

Trotzdem sollten Sie es dabei noch nicht bewenden lassen. Sondern versuchen, an so viele Informationen zu gelangen und so viele Informationen zu nutzen, wie Sie sich überhaupt beschaffen können. Das heißt: Eine so intensive Vorbereitung kostet viel Zeit, unter anderem, weil Sie manchmal auf ein heißbegehrtes Gespräch, eine Veranstaltung etwas warten müssen, weil Sie nur eine unter vielen sind. Aber diese Zeit sollten Sie investieren, es lohnt sich. Denn alles, was Sie vorher erfahren, vorher wissen, hilft Ihnen, nach der Existenzgründung Fehler zu vermeiden – zu überleben. Je mehr Informationen, desto geringer das Risiko.

Wobei der gute Rat meist noch nicht einmal teuer ist: weil Sie ihn gar nicht zu bezahlen brauchen oder weil sich der Staat an den Kosten beteiligt. Die Informationsbeschaffung sollte an dem Tag beginnen, an dem Sie beschließen: „Ich mache mich selbständig". Und sie sollte, parallel zur Planungsphase, mitlaufen, bis Ihre Firma auf eigenen Füßen steht. Besser noch, bis sie auf festen Füßen steht. Ihre Ansprechpartner und Informationsquellen werden sich natürlich ändern, Ihrem wachsenden Wissen angepaßt.

Zu allgemeinen Fragen der Existenzgründung gibt es eine Menge Broschüren, die Sie sich kostenlos oder gegen eine geringe Gebühr zusenden lassen können. Zwar ähneln sich die meisten vom Inhalt her – schließlich bleiben auch die Probleme immer die gleichen, ganz egal ob sich eine Bank oder eine Behörde damit beschäftigt –, trotzdem sollten Sie sich ruhig zwei oder drei davon besorgen.

Ganz einfach, weil verschiedene Punkte in den verschiedenen Heften unterschiedlich gewertet, mehr oder weniger ausführlich erklärt werden. Ein Verzeichnis solcher „Starthelfer" finden Sie im letzten Kapitel. Übrigens sollte man der Bundesregierung an dieser Stelle ein Lob aussprechen (die Kritik folgt dann ein bißchen später): Eine der besten Broschüren kommt aus dem Bundeswirtschaftsministerium. Sie ist so verständlich geschrieben, daß auch jemand, der noch keine Erfahrungen mit Finanzierung, Rechtsformen und Steuern gemacht hat, begreift, worum es geht. Und sie ist so gestaltet, daß man sie wirklich von vorn bis hinten durchlesen kann, ohne einzuschlafen. Hoffentlich ist sie nun nicht kurz nach Erscheinen dieses Buches vergriffen, weil sie von so vielen Leuten bestellt wird.

Als nächstes sollten Sie fragen, fragen, fragen. Und das nicht nur die Experten der verschiedenen Institutionen, die wir Ihnen anschließend nennen und deren Adressen und Telefonnummern Sie im letzten Kapitel finden. Unterhalten Sie sich vor allem auch mit anderen Frauen, die sich selbständig gemacht haben. Profitieren Sie von deren Erfahrungen – und auch von deren Fehlern, sofern sie welche gemacht haben. Sprechen Sie doch mal die Inhaberin Ihres Friseursalons an. Oder die nette Dame im neuen Kunstgewerbeladen. Wenn man sich erst mal umschaut und umhört, dann kennt plötzlich fast jeder eine Frau, die eine eigene Firma besitzt.

Informationsstellen und Veranstaltungen zum Thema Selbständigkeit, die sich speziell an Frauen wenden, gibt es leider kaum. Schauen Sie im Telefonbuch nach, ob es in Ihrer Stadt Frauengruppen gibt, oder rufen Sie die nächsterreichbare Frauenbeauftragte an (Adressen im letzten Kapitel). Diese können Ihnen am ehesten Auskünfte geben.

Wenn Sie sich für eine bestimmte Geschäftsidee entschieden haben, aber keine Fachfrau auf diesem Gebiet sind, sollten Sie Informationsveranstaltungen zu Themen, die in diesen Bereich fallen, besuchen. Oder auch mal in das Vorlesungsverzeichnis der Volkshochschule schauen, ob man Ihnen dort etwas zu bieten hat. Und schließlich gibt es die Lektüre: Fachzeitschriften, Fachbücher, Marktstudien, Unternehmenskonzepte. Da Sie sich nicht alles kaufen können und sollen, ist ein Gang in die nächste Fachbibliothek anzuraten (Bibliotheken der Kammern, Verbände, Universitäten). Dort können Sie in Ruhe prüfen, was vielleicht ein ausführliches Studium wert ist. Und sich dann nur wenige, dafür aber die richtigen Bücher kaufen.

Eine Informationsmöglichkeit, die nur selten genutzt wird, ist ein Volontariat. Wenn Sie Fachfrau in dem Beruf sind, mit dem Sie sich selbständig machen wollen, besitzen Sie natürlich genug Erfahrung. Wenn Sie aber eine Boutique eröffnen wollen, ohne auch nur jemals als Verkäuferin gearbeitet zu haben, dann kann es nicht schaden, mal zwei oder drei Wochen in einen anderen Laden hineinzuriechen. Sicher ist es nicht ganz einfach, so eine Volontariatsstelle zu finden, selbst wenn Sie anbieten, kostenlos zu arbeiten. Aber dabei können Sie gleich Ihre ersten Proben von Zähigkeit und Durchsetzungsvermögen abliefern. Versuchen Sie es auch im Nachbarort. Dort wittert man nicht gleich die zukünftige Konkurrenz. So ein Probe-Engagement trägt Ihnen übrigens, wenn es an die Finanzierung geht, beim Bankangestellten Pluspunkte ein.

Kammern und Verbände

Ihr erster Ansprechpartner, wenn Sie Informationen, Rat und Hilfe suchen, sollte immer die Industrie- und Handelskammer beziehungsweise die Handwerkskammer sein. Erstens, weil es sie in jeder Stadt gibt. Außerdem ist der angebotene Service recht gut und zum größten Teil kostenlos. Freiberufler wenden sich am besten an die entsprechenden Berufsverbände.

In den Kammern und Verbänden gibt es Berater, die sich speziell mit Existenzgründungen beschäftigen. Man hat sich eine Art Stufenprogramm ausgedacht, wie Sie, als zukünftige Jungunternehmerin, die angebotenen Leistungen optimal nutzen können:

1. Schritt: Sie rufen an und bestellen allgemeines Informationsmaterial zum Thema, um sich erst einmal grundsätzlich mit der Idee des Selbständigseins zu beschäftigen. Zugeschickt werden Ihnen Broschüren wie die ab Seite 160.

2. Schritt: Sie fassen den Entschluß zur Selbständigkeit. Und möchten jetzt detailliertere Informationen. Für diesen Fall bieten die Kammern Existenzgründungsseminare an, in denen Experten wie Steuerberater, Rechtsanwälte, Unternehmer über Fragen wie Kapitalbedarf, Marktchancen, Finanzierungshilfen, Rechts- und Standortfragen, Steuern – also über den ganzen Bereich, den Sie auch in diesem Buch finden, referieren. Diese Seminare sind, je nach Kammer, unterschiedlich aufgezogen. Bei manchen laufen sie an mehreren Abenden, bei anderen Kammern gibt es Halbtags-, bei wieder anderen Wochenendkurse. Und: Die Gründungsseminare kosten Geld. Bei der Industrie- und Handelskammer in Hamburg beispielsweise bezahlen Sie für ein dreieinhalbtägiges Seminar 250 Mark, eingeschlossen ein nicht ganz preiswertes Buch zum Thema „Unternehmensberatung", in dem Sie den größten Teil des Stoffes zu Hause in Ruhe nachlesen können. Solche Seminarkosten sind natürlich schon erste Ausgaben für Ihre neue Existenz, können also beim Finanzamt als steuersparend geltend gemacht werden.

3. Schritt: Detailfragen für den ganz persönlichen Fall können Sie in einem Einzelgespräch mit dem zuständigen

Berater klären – kostenlos. So ein Berater erwartet allerdings, daß seine Gesprächspartnerin, also Sie, die „Schularbeiten“ schon gemacht hat, also zumindest die notwendigen Grundinformationen besitzt.

4. Schritt: Haben Sie schließlich ganz spezielle Fragen, was zum Beispiel Käuferverhalten und -potential am geplanten Standort angeht oder ähnliche Dinge, dann kann man Ihnen bei den Kammern Experten empfehlen, die Ihnen, allerdings gegen Honorar, spezielle Analysen erstellen. Das sind die sogenannten Gründungsberater, über die Sie im nächsten Absatz mehr erfahren. Schließlich haben einige Industrie- und Handelskammern noch etwas Besonderes zu bieten: die „Wirtschaftsjunioren“. Darüber mehr im Absatz „Hilfe von Selbständigen“ (ab Seite 67).

Gründungsberater

Einen Gründungsberater brauchen Sie nicht unbedingt, auch nicht für Ihre Gespräche mit der Bank. Es kann aber sinnvoll sein, ihn zu Rate zu ziehen, wenn es um bestimmte betriebswirtschaftliche Probleme geht, die Sie allein nicht lösen können. Er kann zum Beispiel den von Ihnen vorgeschlagenen Standort überprüfen oder mit Ihnen zusammen den idealen Standort für Ihr Unternehmen suchen. Er kann Ihnen bei Umsatzschätzungen helfen und auch ausrechnen, wie hoch Ihr Umsatz überhaupt sein muß, damit Sie davon bzw. von dem Gewinn leben können. Er hilft Ihnen also bei Problemen, die ein spezielles Wissen voraussetzen, das Sie nicht haben und das Sie sich auch nur schlecht beschaffen können.

Ein guter Berater wird sich nach Erstellung seines Gutachtens mit Ihnen zusammensetzen, Punkt für Punkt Ihres Planes mit Ihnen zusammen durchgehen und mit Ihnen gemeinsam überlegen, ob und welche Punkte verbessert werden müssen und wie Sie das tun können.

Leider ist nicht jeder Gründungsberater ein guter Berater. Gerade in dieser Branche gibt es viele schwarze Schafe. Und wenn Sie später feststellen, daß der Berater nur sein Gutachten bei der Bank abgeliefert und Ihnen selbst kaum geholfen hat, dann kann das nicht der Sinn der Sache gewesen sein. Deshalb sollten Sie einen für Ihre zukünftige Existenz so wichtigen Mann nie einfach aus den „Gelben Seiten" fischen. Lassen Sie sich einen Experten von der Kammer oder vom Rationalisierungskomitee der Deutschen Wirtschaft empfehlen oder eine Liste von den entsprechenden Verbänden zuschicken (Adressen siehe ab Seite 156). Wenn Sie eine erste Wahl getroffen haben, sollten Sie Ihren Berater nach Referenzen fragen. Und sich vergewissern, ob dieser Berater auch wirklich ein Experte für Ihre spezielle Branche ist. Schließlich kann nicht jeder auf jedem Gebiet gleich gut sein. Übrigens beraten solche Leute Sie nicht nur bei Neugründungen, sondern natürlich auch bei Übernahme einer bestehenden Firma und bei Beteiligungen.

Existenzgründungsberater sind teuer – auch wenn sie ihr Geld wert sind. Eine ausführliche Beratung dauert meist mehrere Tage und kostet pro Tag zwischen 1000 und 2000 Mark. Doch Sie können den Preis etwas beeinflussen: denn je mehr Informationen Sie selbst schon zusammengetragen haben, je genauere Vorstellungen Sie haben, desto weniger Arbeit hat der Gründungsberater, desto weniger Zeit braucht er, desto billiger wird's.

Außerdem ist jetzt der Augenblick gekommen, wo der Staat etwas für seine zukünftigen Unternehmer tut: er beteiligt sich nämlich an den Kosten. Sogar wenn Sie nach genauem Studium des Gutachtens beschließen, lieber doch kein Unternehmen zu gründen. Der Zuschuß beträgt 60% des Beratungshonorars, maximal 2500 Mark. Um diesen Zuschuß zu bekommen, müssen Sie nach der Beratung bis zum 15. Februar des Folgejahres auf einem speziellen Formblatt einen Antrag an die für Ihre Branche zuständige Leitstelle (Adressen ab Seite 157) richten.

Leider werden einige, die sich selbständig machen wollen, bei Durchsicht dieser Leitstellen feststellen, daß es für sie keine gibt. Denn die Bundesregierung redet zwar seit einigen Jahren davon, sie fördere Existenzgründungen – aber jeden fördern mag sie nicht. Wer in den Bereich der gewerblichen Wirtschaft fällt, der wird gefördert. Wenn Sie dagegen Freiberuflerin sind, sich beispielsweise als Ärztin, Rechtsanwältin, Heilpraktikerin, Krankengymnastin, Journalistin auf eigene Füße stellen wollen, dann müssen Sie leider selbst zusehen, wie Sie am Anfang zurechtkommen. Für Sie gibt's nicht nur keine Beratungshilfen, für Sie fallen auch einige Finanzhilfen weg (das werden Sie ab Seite 78 noch nachlesen können). Später, wenn Sie's geschafft haben, sind Sie als Freiberufler, als fleißiger Steuerzahler, vom Staat wieder gern gesehen – haben dafür dann allerdings auch den Vorteil, keine Gewerbesteuer zahlen zu müssen.

Übrigens: Beratungen und staatliche Hilfen gibt es nicht nur für Existenzgründungen, sondern auch für den Aufbau und die Sicherung der Existenz. Wenn Sie – in der gewerblichen Wirtschaft – innerhalb der ersten zwei Jahre nach Existenzgründung vor Problemen stehen, bei denen Sie die Hilfe eines Fachmannes brauchen, gibt's noch mal Zuschüsse: wieder 60% pro Beratung, maximal 3000 Mark, und pro Antragsteller insgesamt bis zu 7500 Mark. Das heißt, Sie können sich zur Not mehrere bezuschußte Existenzaufbauberatungen leisten.

Rationalisierungskuratorium der Deutschen Wirtschaft

Hier ist jeder gern gesehen, ob Freiberufler oder Gewerbetreibender. Wobei allerdings Leute, die bereits Unternehmer sind, von den angebotenen Leistungen (Seminare, Weiterbildungsmöglichkeiten) mehr profitieren als solche, die es erst werden wollen. Existenzgründern vermittelt das RKW kostenlos fachkundige Gründungsberater (die natürlich bezahlt werden müssen) und verschickt auch, gegen eine geringe Gebühr, Marktinformationen und Branchendaten (Adresse siehe Seite 158).

Hilfe von Selbständigen

Manche Dinge gibt's, die sind einfach unbezahlbar. Zum Beispiel die Tips und Tricks, vor allem aber die reichhaltige Erfahrung von alten (oder nicht ganz so alten) Hasen im Geschäft. Von Leuten also, die selbst Unternehmer oder Manager sind oder waren und andere Leute, den Nachwuchs, von ihren Erfahrungen profitieren lassen wollen. Da gibt's verschiedene hilfreiche Angebote.

Als erstes wären die Wirtschaftsjunioren zu nennen, von denen schon kurz die Rede war. Es handelt sich dabei um eine lockere Vereinigung von Selbständigen und Angestellten in leitenden Stellungen, die möglichst nicht älter sein sollen als 40 Jahre, Junioren halt. Sie bieten, sozusagen als privaten Service, von Leuten, die es geschafft haben, Beratungshilfen zu verschiedenen Themen an. Und unter anderem auch zum Thema „Existenzgründung". Den Kontakt mit diesen Junioren vermitteln die Industrie- und Handelskammern. Leider nicht alle. Es gibt diesen Spezialservice unter anderem zum Beispiel in Hamburg und Düsseldorf. Aber fragen Sie ruhig nach, vielleicht hat sich in der Zwischenzeit auch in Ihrer Stadt ähnliches etabliert. Die Arbeitsweise der Wirtschaftsjunioren ist in den einzelnen Städten unterschiedlich. In Hamburg zum Beispiel gibt es zu festen Terminen zwangslose Treffen in einem kleinen Lokal. Es sind immer mehrere Junioren anwesend. Existenzgründer, die sich dafür interessieren, können den Termin bei der Kammer erfragen, sich mit an den Stammtisch setzen, anderen Leuten zuhören, selbst Fragen stellen – locker, zwanglos, kostenlos (bis auf Ihre Getränke natürlich, schließlich ist der Treffpunkt eine

Kneipe). In anderen Städten etwa wird dem Existenzgründer ein Pate zur Seite gestellt.

Eine zweite Gruppe von Selbständigen ist genauso hilfsbereit: die Senioren oder auch Rentner. Das sind ehemalige Firmenchefs und Manager, die sich zwar zur Ruhe gesetzt haben, aber noch nicht ganz ausruhen wollen. Sie wollen die Erfahrungen ihres ganzen Lebens an junge Unternehmer weitergeben. Ins Leben gerufen wurde diese Vereinigung vor einigen Jahren in Hannover, inzwischen gibt es Gruppen auch in Hamburg, München und anderen Städten. (Die Hannover-Adresse finden Sie im Adressenverzeichnis auf Seite 157. Sie kann Ihnen als Anlaufadresse dienen.) Hier funktioniert die Hilfe nach dem Prinzip der Patenschaften: Der Jungunternehmerin/dem Jungunternehmer wird ein Senior möglichst aus der gleichen oder einer ähnlichen Branche als Hilfe zur Seite gestellt. Auch diese Hilfe ist kostenlos, abgesehen von der Spesenerstattung zum Beispiel für Fahrtkosten, die dem Senior entstehen, und einer kleinen (freiwilligen) Spende (20 Mark), um die Kosten des Vereins zu decken.

Hilfe von Frauen für Frauen, und zwar besonders bei frauenspezifischen Problemen – bietet die Vereinigung von Unternehmerinnen (VvU) an. In ihr haben sich Existenzgründerinnen und Jungunternehmerinnen zusammengeschlossen. Diese Unternehmerinnen sind bei ihrem Hilfsangebot von der richtigen Überlegung ausgegangen, daß auch Frauen sich zu den allgemeinen Gründungsproblemen (Finanzierung, Rechtsformen, Steuerfragen und ähnlichem) an vielen Stellen Rat holen können. Für frauentypische Probleme aber, Probleme mit der Familie, dem Umgang mit Banken und Behörden, aber auch mit sich selbst, mit der neuerworbenen, ungewohnten Selbständigkeit – da gibt es kaum Expertenhilfe. Vor allem solche Hilfe bietet die Unternehmerinnenvereinigung an: in persönlichen Gesprächen mit einer oder auch mehreren erfahrenen Unternehmerinnen. Seit kurzem werden interessierten Existenzgründerinnen auch Praktika in den Betrieben einzelner Mitglieder angeboten. Als Möglichkeit, die persönliche Eignung zur Unternehmerin in der Praxis zu überprüfen.

Es gibt 14 Landesgruppen dieses Wirtschaftsverbandes (Adressen erfahren Sie über die Kölner Zentrale, siehe Seite 159), deren Mitglieder sich mindestens einmal im Monat, meist aber öfter, treffen, um Detailfragen zu den spezifischen beruflichen, aber auch gesellschaftlichen Problemen von Unternehmerinnen zu erörtern. Existenzgründerinnen und Jungunternehmerinnen sind bei diesen Veranstaltungen als (beitragsfreie) Gastmitglieder gern gesehen. Um nach einiger Zeit vollwertiges Mitglied werden zu können, müssen sie allerdings bestimmte Voraussetzungen erfüllen (Angestellte haben einen bestimmten Umsatz zu machen).

Frauenreferate der Bundesländer

Diese Referate gibt es in jedem Bundesland (Adressen siehe Seite 161). Wie intensiv sich die Frauenbeauftragten auch mit Problemen von Existenzgründerinnen beschäftigen, ist allerdings von Fall zu Fall, das heißt von Land zu Land, verschieden. Hessen beispielsweise hat bereits eine kleine Broschüre speziell zum Thema „Frauen machen sich selbständig" herausgegeben. Frauenbeauftragte in anderen Bundesländern bieten zumindest Einzelgespräche an, wenn sich durch die Selbständigkeit Probleme privater Art ergeben.

Alternativgruppen

„Netzwerk Selbsthilfe" und „Goldrausch" heißen die beiden bekanntesten alternativen Förderungsinstitutionen, die den Leuten nicht nur mit Rat und Tat, sondern auch mit Finanzmitteln zur Seite stehen. Allerdings genügt es noch nicht, sich selbst als alternativ einzustufen, um als förderungswürdig anerkannt zu werden. Darüber entscheidet jeweils ein Gremium. Unterstützt werden vor allem Projekte, die eine demokratische Selbstverwaltung praktizieren, alternative Arbeits- und Lebensformen entwickeln und die – ganz wichtig – nicht auf individuellen Profit ausgerichtet sind. Das können zum Beispiel Bio-Läden und Alternativzeitungen sein, um nur zwei solcher Möglichkeiten zu nennen, aber auch Instandbesetzer, Frauenhäuser, selbstverwaltete Jugendzentren und ähnliches.

Netzwerk-Selbsthilfegruppen gibt es in vielen Städten der Bundesrepublik. „Goldrausch" dagegen, eine Frauengruppe, beschränkt die Aktivitäten auf Berlin und fördert nur Frauenprojekte. Für beide Gruppen gilt: Wer einen Kontakt knüpfen will, muß Ausdauer beweisen. Auch bei Anrufen in den örtlichen Gruppen meldet sich oft niemand oder nur ein Anrufbeantworter (Anlaufadressen S. 159).

Frauenhilfe in anderen Ländern

In den meisten anderen europäischen Ländern ähnelt die Hilfe speziell für Existenzgründerinnen dem (kargen) Angebot in der Bundesrepublik. Eine Ausnahme macht Frankreich. Dort gibt es ein „Ministerium für die Rechte der Frauen", das Existenzgründerinnen unter anderem auch finanziell unterstützt.

Verschiedenste Förderungsprogramme für Frauen gibt es seit einigen Jahren auch in den USA. Das Angebot reicht von Beratungen, Workshops, Tagungen über finanzielle Förderung bis hin zu Vermittlungshilfen bei der Vergabe öffentlicher Aufträge.

Schließlich existiert in den USA seit 1979 die Women's World Banking, eine private Stiftung, die Finanzgarantien für Frauen übernimmt.

Checkliste 3: Kennen Sie alle Informationsmöglichkeiten?

Wissen ist Macht – überprüfen Sie hier, ob Sie schon genug davon für eine halbwegs gesicherte Existenz besitzen.

- Haben Sie mit der Informationsbeschaffung schon begonnen?
- Wissen Sie, wo Sie Informationen speziell zu Ihrer Branche bekommen?
- Haben Sie schon Fachzeitschriften abonniert?
- Haben Sie sich schon allgemeine Broschüren zur Existenzgründung besorgt?
- Haben Sie sich, falls notwendig, einen Berater von Fachleuten empfehlen lassen?
- Wissen Sie, daß diese Beratungen, wenigstens in den meisten Fällen, bezuschußt werden?
- Haben Sie mit anderen Frauen gesprochen, die sich selbständig gemacht haben?
- Gibt es in Ihrer Stadt spezielle Fraueninitiativen, an die Sie sich wenden können?

4
Finanzierung

Berechnen Sie Ihr Kapital

Wenn Sie Ihre Geschäftsgründung auf dem Papier einmal bis zum Ende durchgeplant haben, kommen Sie allmählich zum ernsten Teil Ihres Unternehmens, nämlich zur Finanzierung. Und damit zur Frage, wieviel Geld Sie eigentlich brauchen und wo die Geldquellen sprudeln könnten: auf dem eigenen Konto (ideal!), in der Verwandtschaft (auch recht preiswert), bei der Bank (die häufigste Geldquelle) oder beim Staat (die sprudelt leider nicht für jeden).

Solche Fragen sollten Sie klären, **bevor** Sie irgend etwas Konkretes für die zukünftige Firma unternehmen, also **bevor** Sie einen Mietvertrag unterschreiben oder sich einen Gewerbeschein holen. Denn dann kann es – für die Beantragung öffentlicher Mittel zum Beispiel – schon zu spät sein.

Ohne Geld gibt's kein Geld – das gilt auch für Existenzgründerinnen. Eine bestimmte Menge Eigenkapital sollten Sie schon haben. Den Rest müssen Sie sich meist von einem Kreditinstitut, einer Bank oder Sparkasse also, besorgen.

Den Gang zur Bank empfinden viele Existenzgründerinnen als besonders unangenehm. Weil sie nur allzuoft das Gefühl haben, daß sie nett-arrogant, höflich-von-oben-herab behandelt, aber nicht ernst genommen werden.

Wenn Sie an so einen Typ Bankangestellten geraten, der wie ein kleiner König in seiner Filiale hockt, wenn Sie gleich beim ersten Gespräch merken, daß Sie mit ihm nicht zurechtkommen, gibt es nur eines: Wechseln Sie die Bank!

Machen Sie sich klar: Auch als Existenzgründerin, die kein Geld bringt, sondern Geld will, sind Sie bei jeder Bank gern gesehen. Vor allem, wenn Sie wenig selbstbewußt sind, sollten Sie sich bewußtmachen, daß Sie keine

Bittstellerin sind! Im Gegenteil! Der Filialleiter eines Kreditinstitutes ist, wie jedes Unternehmen, darauf angewiesen, Umsatz zu machen. Ihr Kredit hilft ihm dabei. Und Sie können schließlich, wenn Ihr Geschäft erst richtig läuft, zu einer besonders guten Kundin werden!

Natürlich wird kein Bankangestellter Ihnen das Geld gleich über den Tresen schieben. Er möchte – und muß – Unterlagen sehen und sich ein Bild von Ihren Erfolgsaussichten machen können. Aber Sie haben Anspruch darauf, daß er Sie objektiv berät – genausogut wie seine männlichen Kunden.

Für den Umgang mit der Bank sind folgende Regeln brauchbar:

- Fangen Sie oben an – das heißt, vereinbaren Sie gleich einen Termin mit dem Mann (Frauen sind in dieser Stellung selten), der die Entscheidungen trifft: mit dem Zweigstellenleiter oder dem Leiter der Sonderkreditabteilung.
- Gehen Sie allein zu diesem Gespräch – ohne Ihren Partner. Schließlich wollen Sie sich selbst als zukünftige Unternehmerin verkaufen.
- Bereiten Sie sich auf dieses Gespräch gut vor. Im Idealfall sollten Sie schon Ihr Unternehmenskonzept, eine Rentabilitätsberechnung und ein ungefähres Finanzierungskonzept auf den Tisch legen können. Sind Sie noch nicht ganz soweit, sollten Sie zumindest klare Vorstellungen haben, was Sie wollen.
- Verhandeln Sie nie unter Zeitdruck über Kreditkonditionen. Beginnen Sie frühzeitig damit, sich umzusehen. Und vergleichen Sie die Leistungen mehrerer Kreditinstitute miteinander.

Rentabilitätsberechnung

Bevor Sie in die Details der Finanzierung einsteigen, sollten Sie eine Rentabilitätsberechnung Ihres zukünftigen Unternehmens machen. Das heißt: Sie müssen berechnen, ob Sie jemals so viel Gewinn machen, daß Sie auch davon leben können. Und zwar möglichst nicht schlechter als jetzt zu Ihrer Angestelltenzeit.

Zunächst müssen Sie den zu erwartenden Umsatz schätzen. Dabei müssen Sie auf die Erfahrungswerte anderer Firmen zurückgreifen. Solche Marktdaten bekommen Sie von den Kammern, von Fachverbänden und Unternehmensberatern. Natürlich müssen Sie die Daten vergleichbarer Firmen nehmen – Sie dürfen nicht einen Ein-Frau-Schuhladen in einen Vorort mit einem Geschäft mit mehreren Angestellten in der City vergleichen.

Bleiben wir beim Schuhladen. Angenommen, die Vergleichszahlen ergäben, daß bei einem Geschäft der von Ihnen geplanten Größe, in der von Ihnen angepeilten Lage, ein Verkauf von fünf Paar Schuhen zum Durchschnittspreis von 100 Mark am Tag normal wäre. Das macht 500 Mark am Tag, 3000 in der Woche, 12000 Mark im Monat. Das ist Ihr Umsatz.

Vom Umsatz müssen Sie Ihre Kosten abziehen: den Warenwert (in der Regel die Hälfte des Verkaufspreises), Miete, Heizung, Strom, Wasser, Telefon – alles, was Sie auf Seite 77 unter Betriebskosten aufgelistet finden. (Denken Sie auch an die Zinsen für Ihre Kredite.) Dann bleiben von den 12000 Mark vielleicht noch 2000 Mark übrig – Ihr Gewinn. Davon zahlen Sie Einkommensteuer. Schließlich sollten Sie vorsichtshalber noch jeden Monat etwas auf die hohe Kante legen – für Unvorhergesehenes. Bleiben vielleicht noch 1000 Mark für Ihre Wohnungsmiete, für Ihr Essen, Ihr Privatleben übrig.

Ihre Rentabilitätsberechnung ergibt also, daß Ihr Schuhladen unrentabel ist. Und wenn Ihnen nicht etwas einfällt, um den Gewinn zu steigern – zum Beispiel die Verkaufspreise zu erhöhen, an einen besseren Standort zu gehen oder vielleicht eine Reparaturwerkstatt dazuzunehmen –, dann lassen Sie besser die Finger davon.

Finanzplanung

Haben Ihre Berechnungen jedoch ergeben, daß Ihr geplantes Unternehmen rentabel sein könnte (zumindest nach einer Durststrecke am Anfang), folgt die Aufstellung eines exakten Finanzplanes. Das heißt, Sie müssen ausrechnen, wieviel Geld Sie für die Eröffnung, aber auch für die ersten sechs Monate Ihres Unternehmerlebens brauchen (so lange dauert in der Regel die Durststrecke – manchmal auch länger). In diesem Plan sollten Sie möglichst mit realistischen Zahlen arbeiten. Sie brauchen also immer wieder Vergleichswerte, die Sie sich von den Kammern, den diversen Beratern oder auch von anderen Unternehmerinnen holen können.

Zunächst notieren Sie alle Kosten, die direkt bei der Gründung anfallen: Fachliteratur, Berater, Seminare, Notarkosten, Behördenanmeldungen.

Als nächstes folgen die einmaligen Ausgaben für Ihr Unternehmen: Maklerprovision, Renovierung der neuen Räume, Einrichtung (also Möbel und Maschinen – denken Sie auch an Montagekosten), Firmenwagen, Telefonanschluß. Auch Kosten für behördliche Auflagen wie zum Beispiel den Einbau von Toiletten oder die Schaffung von Parkplätzen fallen in diese Rubrik.

Der nächste Posten: der Betrag für Ihr erstes Warenlager (bei einem Geschäft) oder Ihr erstes Materiallager (bei einer Werkstatt).

Da Sie nicht damit rechnen dürfen, von Anfang an Gewinn zu erwirtschaften, sollten Sie die Betriebskosten für die ersten sechs Monate in den Finanzplan mit einbeziehen. Zu den Betriebskosten gehören Miete oder Pacht, die Kosten für Heizung, Strom, Wasser, Telefon, betriebliche Versicherungen, Ihre persönliche Kranken- und Rentenversicherung, Löhne und Sozialleistungen für Mitarbeiter, Kfz-Kosten, Kosten für sämtliches Material, das Sie in Ihrem Unternehmen brauchen (von der Briefmarke bis zum Einwickelpapier), Kosten für Steuerberater, Schaufensterdekorateur und andere Helfer, natürlich Ihre Kreditzinsen, aber auch Werbungskosten. Und da Sie schließlich auch in der Anlaufphase Ihres Geschäftes irgendwovon leben müssen, wenn Sie also niemand „unterhält", müssen Sie auch Privatentnahmen zu den Betriebskosten zählen.

Die Addition sämtlicher Kosten, von der Fachliteratur bis hin zu den Privatentnahmen, ist Ihr Kapitalbedarf. Wenn Sie an dieser Stelle der Schlag trifft, sollten Sie den Finanzplan noch einmal überarbeiten. Vielleicht gibt es Punkte, wo Sie sparen können: selbst renovieren, Maschinen gebraucht kaufen oder leasen, den Kauf des Firmenwagens aufs nächste Jahr verschieben, nur eine Halbtagskraft einstellen.

Zu knapp kalkulieren dürfen Sie aber auch nicht, damit nicht schon die erste unvorhergesehene Reparatur Ihr ganzes Finanzierungskonzept ins Wanken bringt.

Steht nun endgültig fest, wieviel Geld Sie brauchen, folgt der Kassensturz. Als Faustregel gilt: Mindestens 12, besser 20% des Kapitelbedarfs sollten Sie als Eigenkapital besitzen. Kratzen Sie alles Geld zusammen, das Sie auftreiben können: Bares, Sparguthaben und Wertpapiere. Überlegen Sie, ob Sie Ihren Zweitwagen verkaufen oder Ihre Lebensversicherung beleihen können. Alles zusammengezählt ergibt Ihr Eigenkapital.

Die Differenz zwischen Kapitalbedarf und Eigenkapital, die müssen Sie nun noch auftreiben. Dafür gibt's mehrere Möglichkeiten.

Öffentliche Finanzhilfen

Nach dem Motto „Existenzgründer sollen gefördert werden" bietet der Staat verschiedene Förderprogramme an. Für alle gilt: Die Abwicklung erfolgt immer über ein ganz normales Kreditinstitut – Informationen bekommen Sie dort und von den Kammern. Die Fördermittel müssen beantragt werden, **bevor** Sie mit dem Unternehmen starten (also vorher keinen Mietvertrag unterschreiben, keinen Gewerbeschein holen!). Die meisten Hilfen sind für Gewerbetreibende, nicht aber für Freiberufler gedacht. Einen Rechtsanspruch hat niemand! Wenn man Ihr geplantes Unternehmen also als nicht sehr erfolgversprechend einstuft, kann man Ihnen die Mittel verweigern. Sicherheiten müssen Sie übrigens für öffentliche Mittel genauso erbringen wie für übliche Bankkredite, nur sind die Konditionen etwas günstiger als auf dem allgemeinen Kapitalmarkt.

ERP-Existenzgründungsdarlehen (ERP = European Recovery Program = Europäisches Wiederaufbauprogramm) können Existenzgründerinnen der gewerblichen Wirtschaft (keine Freiberuflerinnen) erhalten, die zwischen 21 und 50 Jahre alt sind. Voraussetzung: Das Unternehmen muß einen wirtschaftlichen Erfolg versprechen, und die Existenzgründerin muß mindestens 20% Eigenkapital besitzen. Besitzen Sie noch mehr Privatgeld, haben Sie also schon vorher fleißig gespart, werden Sie noch bevorzugt. Verwenden dürfen Sie diese öffentlichen Mittel für Investitionen zur Errichtung und Übernahme eines Betriebes (einschließlich der Folgeinvestitionen) innerhalb der nächsten drei Jahre und für die Beschaffung eines ersten Warenlagers oder einer ersten Büroausstattung. Also nicht zur Deckung Ihrer ersten Betriebskosten. Dafür müssen Sie sich ein zusätzliches Bankdarlehen holen. Die Konditionen für das ERP-Darlehen: Höchstbetrag 300000 Mark, 2 Jahre tilgungsfrei, Laufzeit 10 Jahre für Maschinen, Einrichtungen und Beteiligungen, 15 Jahre für Bauinvestitionen.

Als **Ergänzungsfinanzierung** für die Existenzgründung, aber auch für die Existenzsicherung kleiner Gewerbeunternehmen bietet die Lastenausgleichsbank (LAB) Zusatzprogramme an. Höchstbetrag je nach Programm 200000 bis 300000 Mark, 2 Jahre tilgungsfrei, Laufzeit bis zu 10 Jahre.

Spezielle Förderungsmaßnahmen gibt es auch in den einzelnen Bundesländern. Sie werden oft nur eine kurze Zeit angeboten und sind von Bundesland zu Bundesland verschieden. Deshalb fragen Sie am besten Ihre Bank, was im Augenblick zusätzlich geboten wird.

Das **Eigenkapitalhilfeprogramm** springt dann ein, wenn Sie nicht genug Eigenkapital besitzen. Voraussetzung: Die Antragstellerin muß zwischen 21 und 50 Jahre alt sein und mindestens 12% Eigenkapitalanteil besitzen. Ihre Investitionssumme muß mindestens 40000 Mark betragen, und Ihr Vorhaben muß eine „tragfähige Vollexistenz" erwarten lassen, sie darf also kein Nebenerwerb sein. Diese Hilfe wird nur dann gewährt, wenn ohne sie eine erfolgversprechende Existenzgründung sehr schwierig wäre. Hier haben übrigens Existenzgründerinnen jeder Art eine Chance, auch Freiberuflerinnen. Konditionen: 300000 Mark (Berlin und Zonenrandgebiet: 350000 Mark), Laufzeit 20 Jahre, 2 Jahre zinsfrei, dann allmählich steigender Zinssatz, 10 Jahre tilgungsfrei. Mit der Eigenkapitalhilfe können Sie Ihre eigenen Mittel bis auf 40% des Kapitalbedarfs aufstocken. Diese Darlehen werden ohne die banküblichen Sicherheitsleistungen gegeben; Sie müssen aber persönlich haften.

Jeder Gewerbetreibende, der seine Existenzgründung langfristig plant, kann ähnlich wie ein Bausparer bei jedem Kreditinstitut einen **Existenzgründungs-Sparvertrag** abschließen (Freiberufler können das also nicht!) unter folgenden Voraussetzungen: Die Sparleistung muß als Eigenkapital für die Existenzgründung benutzt werden; die Sparzeit muß zwischen drei und zehn Jahre betragen. Dann gibt es nach Auslaufen des Vertrags zusätzlich zu den Zinsen eine Sparprämie von 20%, höchstens 10000 Mark. Dieses Programm wird voraussichtlich 1990 auslaufen (wenn es nicht verlängert wird), ein Vertrag muß also vorher abgeschlossen werden. Die Prämie wird auch noch später ausgezahlt.

Andere Finanzquellen

Wer keine oder nicht genug öffentliche Hilfen bekommt, muß auf andere Finanzquellen ausweichen. Da wären zunächst einmal die Kreditinstitute, die Ihnen, gegen bankübliche Sicherheiten, auch ein Darlehen zur Existenzgründung geben. Vergleichen Sie die Konditionen verschiedener Institute – aber vergleichen Sie immer den Effektivzins miteinander. Ein Tip: Auch mit Banken kann man handeln. Und ein viertel Prozent weniger Zinsen machen sich bemerkbar!

Brauchen Sie später einmal kurzfristig einen nicht zu großen Geldbetrag, können Sie sich mit einem Dispositionskredit behelfen: das heißt, Sie können Ihr Konto um einen bestimmten Betrag überziehen, den Ihnen die Bank zugesteht. Zwar sind die Zinsen dafür höher als beim normalen Darlehen; aber Sie können Ihr Konto dafür sofort, wenn ein Kunde zahlt, wieder ausgleichen. Beim Darlehen dagegen sind Sie an feste, vorher vereinbarte Laufzeiten gebunden.

Als Lieferantenkredit bezeichnet man es, wenn Ihr Lieferant Ihnen ein langfristiges Zahlungsziel einräumt. Da Sie dadurch aber die Möglichkeit eines Skonto-Abzugs (Rabatt bei sofortigen Zahlungen) verlieren, ist ein solcher Kredit oft teurer als ein Bankkredit. Außerdem bringt es Sie in eine schlechte Verhandlungsposition dem Lieferanten gegenüber. Jungunternehmerinnen werden solche Kredite ohnehin nur selten eingeräumt. Oder aber sie sind an Mindestabnahmemengen, langfristige Verträge und ähnliches gekoppelt. Und daher nicht empfehlenswert.

Eine besondere Finanzierungsform, mit der man zumindest am Anfang Geld sparen kann, ist das Leasing: Bestimmte Dinge wie Maschinen, Autos oder sogar Gebäude kann man mieten, statt sie zu kaufen. Die Leasing-Raten können Sie – fürs Finanzamt – vom monatlichen Einkommen abziehen, das gesparte Anschaffungsgeld für andere Dinge verwenden. So ein Vertrag hat eine begrenzte Laufzeit. Danach kann man den gemieteten Gegenstand entweder gegen Zahlung einer Restsumme kaufen – oder das neueste Modell leasen. Das ist natürlich besonders dann interessant, wenn man mit bestimmten Maschinen immer auf dem neuesten Stand der Technik sein muß. Vergleichen Sie auch hier die Angebote mehrerer Firmen.

Versuchen Sie ruhig, von Verwandten und Freunden ein Privatdarlehen zu bekommen. Aber auch in diesem Fall sollten Sie einen Vertrag machen, in dem Laufzeit, Kredithöhe, Zinsen und Kündigungsfristen geregelt werden. Damit Sie nicht plötzlich, wenn es zu privaten Spannungen kommt, so einen Kredit von heute auf morgen zurückzahlen müssen.

Schließlich können Sie sich auch Partner oder einen stillen Teilhaber suchen und so das finanzielle Risiko (aber auch den Gewinn) teilen. Bei einem stillen Teilhaber wird dessen Einlage von der Bank so behandelt, als ob es sich um Ihr Eigenkapital handelt.

Auf keinen Fall sollten Sie Kredite bei privaten Vermittlern aufnehmen, die in Zeitungsanzeigen mit den Worten „ohne Sicherheit“ oder „auch für Hausfrauen“ werben. Die Zinsen bei solchen Krediten sind immer überhöht.

Notwendige Sicherheiten

Ganz egal, ob Sie öffentliche Starthilfen oder ein Privatdarlehen beantragen – ein Kreditinstitut will immer Sicherheiten haben. Zu den Sicherheiten zählen natürlich eine detaillierte Planung, eine korrekte Finanzbedarfsberechnung, ein Rentabilitätsnachweis, Fachwissen und Erfolgschancen – aber das allein reicht noch nicht aus.

Wenn eine Bank von Sicherheiten spricht, dann meint sie Wertpapiere, Immobilien, vorhandene Lebensversicherungen (es gilt nur der Rückkaufwert), Sachwerte Ihrer Firma wie Maschinen, Autos u. ä., die Abtretung von Kundenforderungen oder auch Bürgschaften. Wobei natürlich derjenige, der für Sie bürgt, über ein entsprechendes Vermögen oder Einkommen verfügen muß.

Hat jemand nur geringe Sicherheiten anzubieten, verlangen Kreditinstitute oft den Abschluß einer Lebensversicherung. Was natürlich, durch die Zahlung der Prämien, den Kapitalbedarf schon wieder erhöht.

Eine Alternative gibt es: Sie beantragen eine Bürgschaft bei einer Kreditgarantiegemeinschaft oder einer Bürgschaftsbank. Das sind Selbsthilfeeinrichtungen der Wirtschaft, die von Bund und Ländern gefördert werden. Solche Bürgschaften gibt man Ihnen natürlich nur dann, wenn man vom Erfolg Ihres Unternehmens überzeugt ist. In solchen Fällen kann zum Beispiel die positive Aussage eines Gründungsberaters ein großes Plus sein. Aber auch diese Bürgschaften werden Ihnen nicht für die volle Kredithöhe, sondern nur für 80% der Kredite gegeben. Zuständig für die Abwicklung ist immer die Bank, bei der Sie die Kredite beantragen.

Checkliste 4: Haben Sie richtig gerechnet?

Wenn viele neugegründete Unternehmen nicht lange überleben, dann liegt das daran, daß meist jemand Umsatz mit Gewinn verwechselt, den Kapitalbedarf falsch berechnet oder keine Reserven mehr hat. Wenn Sie von den folgenden Fragen viele mit „Nein“ beantworten, sollten Sie Ihre ganze Finanzplanung noch einmal überdenken.

- Haben Sie sich nach staatlichen Starthilfen erkundigt?
- Sind Ihre geschätzten Umsatzzahlen realistisch?
- Hat eine Berechnung ergeben, daß Ihr Unternehmen rentabel arbeiten wird?
- Haben Sie bei Ihrer Gewinnberechnung auch die Steuern berücksichtigt?
- Enthält Ihr Finanzplan Reserven für Unvorhergesehenes?
- Haben Sie an Ihre persönlichen Lebenshaltungskosten gedacht?
- Können Sie, um anfangs Kosten zu sparen, auf die Mithilfe anderer rechnen, zum Beispiel bei der Renovierung der Geschäftsräume?
- Ist Ihnen klar, daß Rechnungen, die Sie schreiben, oft erst nach Wochen bezahlt werden?
- Haben Sie in Ihrem Finanzplan eine anfängliche Durststrecke berücksichtigt?
- Können Sie Ihr Eigenkapital noch erhöhen?
- Leiht Ihnen ein Familienmitglied Geld zu günstigen Bedingungen?
- Können Sie noch irgend etwas zu Geld machen?
- Kennen Sie jemanden, der bei der Bank für Sie bürgen würde?

5
Rechtsform und Rechtsfragen

Beachten Sie die Gesetze

Vor, während und auch nach der Gründung Ihres Unternehmens werden Sie mit den verschiedensten Rechtsfragen konfrontiert. Daß es verschiedene Gesellschaftsformen gibt, davon haben Sie sicher schon gehört. Aber wissen Sie, welche gerade für Sie die richtige ist? Kennen Sie alle Formalitäten, die notwendig sind, damit Ihr Unternehmen seinen korrekten Gang nimmt? Wissen Sie, daß Sie Ihrer Firma nicht jeden Namen geben dürfen, der Ihnen gut gefällt? Und denken Sie vor allem daran, daß die Gründung Ihres Unternehmens auch direkte Rechtsfolgen für Ihr Privatleben haben kann?

Alle diese Fragen sollten Sie rechtzeitig klären, notfalls mit fachkundiger Beratung. Das kann, von Fall zu Fall, ein Experte der zuständigen Kammer, ein Rechtsanwalt oder ein Steuerberater sein.

Die richtige Rechtsform

Die Wahl der Rechtsform für Ihre Firma ist mehr als nur eine Formsache. Je nachdem, für welche Sie sich entscheiden, können Sie Rechte behalten oder abgeben, Steuern sparen oder ausgeben, die eigene Haftung akzeptieren oder beschränken. Jede hat ihre Vor- und Nachteile. Sie müssen selbst entscheiden, welche Punkte für Sie am wichtigsten sind.

Das heißt aber nun nicht, daß Sie die Wahl zwischen allen haben. Welche Rechtsform in Frage kommt, hängt unter anderem davon ab, ob Sie das Unternehmen allein oder mit Partnern gründen, wieviel Eigenkapital zur Verfügung steht, wieviel Umsätze Sie etwa machen werden. Glücklicherweise sind Sie an Ihre erste Entscheidung nicht Ihr ganzes Geschäftsleben lang gebunden. Sie können, wenn es sich als vorteilhaft erweist, die Rechtsform Ihres Unternehmens ändern.

Grundsätzlich unterscheidet man zwischen Einzelunternehmen, deren Inhaber ein einzelner Mensch ist, und

Gesellschaften, bei denen sich mehrere Personen zusammengeschlossen haben.

Die meisten Existenzgründerinnen beginnen als Einzelunternehmerinnen. Das ist ohne Zweifel die einfachste, die billigste, die am wenigsten reglementierte Form, eine Firma zu gründen. Die Vorteile des Einzelunternehmens: Niemand schreibt Ihnen vor, wieviel Geld Sie haben müssen. Niemand redet Ihnen in die Geschäfte drein. Sie selbst brauchen auf niemanden Rücksicht zu nehmen. Und vor allem: Der Gewinn gehört allein Ihnen. Was auch heißt, daß Sie ihn jederzeit aus dem Unternehmen ziehen können. Bei den Banken sind Sie als Einzelkämpferin gar nicht ungern gesehen. Weil Sie nämlich – und das ist ein Nachteil dieser Unternehmensform – mit Ihrem gesamten Privatvermögen haften. Und zwar unbeschränkt. Der zweite Nachteil: Sie tragen die alleinige Last der Finanzierung. Der dritte Nachteil: der progressive Steuertarif. Als Einzelunternehmerin zahlen Sie Einkommenssteuern, die prozentual mit der Höhe Ihres Einkommens steigen. Wenn Sie hier einen kleinen Trick anwenden, zusammen mit Ihrem Mann und/oder einem erwachsenen Kind eine BGB-Gesellschaft gründen, verteilt sich das Einkommen, und der Steuersatz sinkt.

Angenommen, Sie würden zum Beispiel in einem Jahr einen Gewinn von 90000 Mark erwirtschaften, dann müßten Sie darauf vielleicht 50% Steuern zahlen, also 45000 Mark. Sind Ihr Mann und Ihr Kind Mitgesellschafter, hat jeder ein Einkommen von 30000 Mark, auf das er vielleicht nur 30% Steuern, also je 10000 Mark zahlt. Macht zusammen 30000 Mark. Sie hätten mithin 15000 Mark gespart.

Bei Gesellschaften unterscheidet man zwischen Personengesellschaften, bei denen immer noch die einzelnen Gesellschafter im Vordergrund stehen, und den Kapitalgesellschaften, die als eine eigene Rechtspersönlichkeit, als „juristische" Person, gesehen werden. Die bekanntesten Personengesellschaften sind die Gesellschaft bürgerlichen Rechts (BGB-Gesellschaft), die Offene Handelsgesellschaft (OHG), die Kommanditgesellschaft (KG) und die Stille Gesellschaft. Die wichtigste Kapitalgesellschaft ist die GmbH, die Gesellschaft mit beschränkter Haftung.

Eine BGB-Gesellschaft kann jeder gründen, der sich mit Partnern zusammentut, auch Kleingewerbetreibende und Freiberufler, Praxis- und Arbeitsgemeinschaften, aber auch Sie und Ihre Familie. Aber: Diese Gesellschaft kann nicht ins Handelsregister eingetragen werden, kommt also nur für kleine Unternehmen in Frage. Formalitäten zur Gründung sind nicht erforderlich, noch nicht einmal ein schriftlicher Vertrag, auch Mindestkapital wird keines vorgeschrieben. Die Gesellschafter können frei ihre Entscheidungen treffen – je nach Kompetenz des einzelnen. Nachteil: Auch hier haftet jeder Gesellschafter mit seinem gesamten, auch mit dem privaten Vermögen.

Wird Ihr Unternehmen so groß, daß es ins Handelsregister eingetragen werden muß (siehe Seite 91), können Sie zum Beispiel eine OHG gründen. Das ist ein Zusammenschluß von Partnern, die grundsätzlich alle gleichberechtigt sind. Allerdings können die Vertretungsbefugnis und anderes mehr in einem Vertrag und bei der Anmeldung anders geregelt werden als „normal" üblich. Auch hier gilt: keine großen Formalitäten, kein Mindestkapital, jeder Gesellschafter ist am Gewinn und Verlust des Unternehmens direkt beteiligt. Das heißt, auch bei dieser Rechtsform haftet er mit seinem ganzen Privatvermögen. Aber: Jeder Gesellschafter kann allein das Unternehmen vertreten; er kann, ohne die anderen zu fragen, im Namen der Gesellschaft Geschäfte abwickeln. Deshalb sollten Sie sich Ihre Mitgesellschafter gut aussuchen – oder die gesetzlichen Ausgangsregelungen im Rahmen des Möglichen vertraglich abändern. Bei der KG gibt es zwei Sorten von Gesellschaftern: die Komplementäre (einer oder mehrere) und die Kommanditisten (einer oder mehrere). Wobei die ersten das Sagen haben, die Geschäfte führen und uneingeschränkt mit ihrem Privatvermögen haften. Und die zweiten nur eingeschränkte Pflichten, aber auch weniger Rechte haben. Sie geben das Geld, haften nur in Höhe ihrer Einlage und werden nur bei außergewöhnlichen Geschäften um Zustimmung gebeten.

Ähnlich ist es bei der Stillen Gesellschaft, bei der Sie einen Geldgeber in Ihre Firma aufnehmen – der aber nach außen hin überhaupt nicht in Erscheinung tritt. Er ist meist nur am Gewinn beteiligt, selten kann man ihn dazu bewegen, auch Verluste mitzutragen. Geht Ihre Firma in Konkurs, hat er mit Ihren Schulden nichts zu tun, sondern tritt als Gläubiger auf. Eine Stille Gesellschaft kann jeder gründen, auch ein Einzelunternehmer.

Die GmbH hat als Kapitalgesellschaft den anderen Gesellschaften gegenüber einige Vorteile. Zunächst einmal haften nicht die Gesellschafter selbst, sondern die Gesellschaft als juristische Person. Aber nur in Höhe des Gesellschaftsvermögens. Zur Zeit ist ein Mindestkapital von 50000 Mark gesetzlich vorgeschrieben, das sich auf alle Gesellschafter verteilt. Davon muß bei der Gründung mindestens die Hälfte, also 25000 Mark, eingezahlt werden – als Bargeld oder auch in Sachwerten. Im Gesellschaftsvertrag können Sie alles frei vereinbaren, was nicht geltenden Gesetzen widerspricht. Ein Beispiel: Laut Gesetz sind mindestens 75% aller Stimmen notwendig, um den Gesellschaftsvertrag zu ändern. Nun dürfen Sie in Ihrem Vertrag zwar nicht auf 74% heruntergehen, dürfen aber 80% verlangen oder gar Einstimmigkeit. Die Gründung einer GmbH ist nicht ganz einfach und auch nicht billig. Der detaillierte Vertrag muß notariell beglaubigt und beim Gericht hinterlegt werden. So eine Gesellschaft hat aber auch steuerliche Konsequenzen (siehe auch S. 106). Und sie ist, wegen der beschränkten Haftung, bei den Banken nicht immer gern gesehen. Wenn Sie in einer

Gesellschaft mit beschränkter Haftung das Sagen haben wollen, müssen Sie darauf achten, daß man Sie zum Geschäftsführer ernennt. Und daß Sie die Mehrheit des Stammkapitals besitzen.

Wenig bekannt ist bei vielen Jungunternehmerinnen die Ein-Mann- beziehungsweise Ein-Frau-GmbH. Das heißt, Sie können Ihr Einzelunternehmen durch eine notariell beglaubigte Erklärung in eine GmbH umwandeln – und schlagen somit zwei Fliegen mit einer Klappe. Als einzige Gesellschafterin sind Sie weiterhin Frau im eigenen Haus; Sie können sich selbst anstellen, also Ihr Gehalt vom Gewinn abziehen; Sie haften nur in Höhe des Gesellschaftsvermögens. Die Nachteile: Sie müssen das gesamte Gesellschaftskapital, also 50000 Mark, allein aufbringen, die Hälfte sofort, für den Rest müssen Sie Sicherheiten bieten. Ob sich das in Ihrem Fall lohnt, kann Ihnen nur ein Steuerberater ausrechnen.

Natürlich gibt es noch mehr Rechtsformen, auch Kombinationen der genannten. Für Existenzgründerinnen sind sie aber meist weniger interessant.

Die notwendigen Formalitäten

Wenn Sie keine Freiberuflerin sind, brauchen Sie einen Gewerbeschein. Den bekommen Sie in Ihrem Bezirks- oder Ortsamt. Ist für Ihr Gewerbe keine besondere Erlaubnis notwendig, bezahlen Sie eine Gebühr (bis zu 20 Mark) und können den Schein gleich mitnehmen. Fragen Sie nach, ob man Ihre Anmeldung ans Finanzamt weiterleitet oder ob Sie das selbst machen müssen. Einen Gewerbeschein müssen Sie sich auch holen, wenn Sie einen bereits bestehenden Betrieb übernehmen.

An der Gewerbemeldestelle sagt man Ihnen auch, ob Sie für Ihr Gewerbe noch besondere Voraussetzungen erfüllen, Prüfungen ablegen müssen oder zusätzliche Genehmigungen brauchen. Für eine ganze Reihe von Unternehmen brauchen Sie eine sogenannte „Erlaubnis". Die bekommen Sie, wenn Sie Ihre persönliche Zuverlässigkeit mit einem polizeilichen Führungszeugnis belegen können. Für den Handel mit bestimmten Lebensmitteln müssen Sie einen Sachkunde-Nachweis erbringen: eine entsprechende Ausbildung als Lebensmittelkauffrau oder eine längere praktische Tätigkeit. Eröffnen Sie eine Imbißstube oder ein Restaurant, müssen nicht nur Sie selbst zuverlässig sein – auch Ihre Geschäftsräume, vor allem Küche und Toiletten, werden geprüft; sie müssen bestimmten Anforderungen genügen. Ihr Gewerbeschein gilt in einem solchen Fall auch nur für die geprüften Räume. Verlegen Sie die Firma, brauchen Sie eine neue Erlaubnis. Wer im Rahmen seiner Selbständigkeit mit Geld umgeht, also Immobilien, Kredite o.ä. vermittelt, wird überprüft, ob er in geordneten wirtschaftlichen Verhältnissen lebt.

Schließlich gilt für manche Freiberufler das sogenannte Niederlassungsrecht. Damit will man vermeiden, daß sich zu viele Angehörige des gleichen Berufes in einem bestimmten Umkreis niederlassen. Fragen Sie Ihren Berufsverband danach.

Ein Handwerksbetrieb schließlich darf nur eröffnet werden, wenn Sie als Inhaberin in die Handwerkerrolle eingetragen sind – also Ihren Meisterbrief haben. Von Ausnahmen von dieser Regel ist beim Thema „Planung" auf Seite 43 die Rede.

Erreicht Ihre Firma eine gewisse Größe (welche, richtet sich nach Umsatz, Kapitaleinsatz, Zahl der Mitarbeiter), sind Sie verpflichtet, sie ins Handelsregister eintragen zu lassen. Für eine OHG, KG und GmbH gilt diese Eintragungspflicht vom ersten Tag des Bestehens an. Ein Handelsregister müssen Sie sich ähnlich wie ein Grundbuch vorstellen: Jeder, der sich dafür interessiert, kann hineinschauen – und erfährt in diesem Fall einiges über Besitzverhältnisse und Geschäftsführung eines Unternehmens. Für die Eintragung brauchen Sie einen Notar.

Nun müssen Sie noch zwei Ämter über Ihre Geschäftsgründung informieren (es sei denn, Sie sind Freiberufler): das Arbeitsamt, das Ihnen daraufhin eine Betriebsnummer zuteilt, und die Berufsgenossenschaft als Träger der Gesetzlichen Unfallversicherung.

Der Firmenname

Wie Sie Ihre Firma nennen, das hängt nicht nur von Ihnen und Ihrer Phantasie ab, sondern zunächst einmal von der Rechtsform. Bei einem Einzelunternehmen muß im Firmennamen wenigstens ein Vorname und der Nachname enthalten sein. Wollen Sie Ihren Kunden klarmachen, wer Sie sind, können Sie noch einen Zusatz dranhängen.

Beispiel: Korrekt ist die Bezeichnung „Angela Kraus, Party Service“. Schon die kleine Umstellung „Partyservice Kraus“ (ohne den Vornamen) würde gegen das Gesetz verstoßen. Bei einer OHG muß wenigstens der Familienname eines Gesellschafters mit einem entsprechenden Gesellschaftszusatz genannt werden. Also „Kraus OHG“ oder „Kraus + Co“ oder „Kraus und Müller OHG“. Natürlich ist auch hier der Zusatz Party-Service gestattet. Bei der KG dürfen nur Komplementärsnamen genannt werden, keine von Kommanditisten. Erst als GmbH dürfen Sie sich einen reinen Phantasienamen ausdenken, beispielsweise „Münchner Partyservice GmbH“.

Den Namen Ihrer Firma müssen Sie ins Handelsregister eintragen lassen. Wenn schon ein anderer so heißt, müssen Sie sich allerdings etwas Neues ausdenken. Natürlich müssen Sie den vollen Firmennamen überall im Geschäfts- und Rechtsverkehr benutzen.

Der Vertrag mit dem Partner

Wenn Sie bei der Existenzgründung verheiratet sind, können zusätzliche Rechtsfragen auftauchen, mit denen

Sie sich als Single nicht beschäftigen müssen. Sofern Sie bei der Heirat nichts anderes vereinbart haben, leben Sie und Ihr Mann im gesetzlichen Güterstand, der „Zugewinngemeinschaft". Das heißt: Was Sie mit in die Ehe gebracht haben, gehört immer noch Ihnen; was Ihr Mann eingebracht hat, gehört immer noch ihm. Was Sie beide im Laufe Ihrer Ehe erwirtschaften, wird addiert und – im Falle eines Falles – bei einer Scheidung halbiert. Auch wenn es beim einen ein großer Zugewinn und beim anderen ein kleiner ist.

Für ein Unternehmen hat diese Art des Güterstandes vor allem einen Nachteil: Keiner der beiden Ehepartner kann allein unbeschränkt über sein Vermögen verfügen, wenn der andere nicht zustimmt. Auch wenn er (oder sie) selbst dieses Vermögen erwirtschaftet hat. Zustimmen muß Ihr Ehepartner aber auch, wenn Sie für Ihre Firma größere Kredite aufnehmen.

Der zweite große Nachteil tritt ein, wenn Sie als Unternehmerin sich scheiden lassen. Dann müssen Sie auf einen Schlag die Hälfte des während der Ehe erwirtschafteten Unternehmenswertes an Ihren Exmann als Zugewinn auszahlen (wenn er nichts Entsprechendes erwirtschaftet hat). Und das kann Ihren Ruin bedeuten.

Nun gibt es einmal die Möglichkeit, sich per notariell beglaubigtem Vertrag von Ihrem Ehemann die alleinige Verfügungsgewalt über alle Belange der Firma bestätigen zu lassen. Die meisten Ehepaare aber entscheiden sich für den Zustand der Gütertrennung. Sie schließt gleichzeitig eine eventuelle Haftung des Partners aus. So bleibt, selbst wenn Ihre Firma in Konkurs geht, wenigstens Ihr „gemeinsames" (nunmehr „nicht-gemeinsames") Privatvermögen unangetastet. Vorausgesetzt, Sie haben es rechtzeitig und komplett auf Ihren Mann überschreiben lassen. Kommt Ihr Mann allerdings auf die Idee, sich in dem Augenblick, wenn die Gütertrennung perfekt ist, scheiden zu lassen, stehen Sie dumm da: Alles seins.

Ganz wichtig: Lassen Sie sich von Ihrer Bank nicht dazu überreden, daß Ihr gütergetrennter Mann dann doch wieder freiwillig für Ihren Kredit haftet. Denn dann hätten Sie sich die ganze Gütertrennung sparen können.

Schließlich gibt es noch den Zustand der Gütergemeinschaft. Dabei wird alles Vermögen gemeinsames Vermögen; jeder muß für den anderen geradestehen und haften – keine ideale Situation, wenn sich einer von beiden selbständig macht.

Wenn Sie allein miteinander eine Änderung des Güterstandes vereinbaren, nützt das gar nichts. Sie muß notariell beglaubigt werden. Und beide müssen Sie solche Vereinbarungen frühzeitig treffen, nicht erst, wenn sich der Konkurs schon abzeichnet. Es dauert einige Zeit, bis sie wirksam werden.

Gründen Sie mit Ihrem Ehemann, Ihrem Partner oder einem anderen Verwandten zusammen eine Firma, dann entscheidet grundsätzlich die Rechtsform darüber, wer was zu sagen hat. Wollen Sie und Ihr Partner beide gleichberechtigt sein und das private Vermögen vom geschäftlichen strikt trennen, dann kommt eigentlich nur eine GmbH in Frage.

Checkliste 5: Welche Rechtsform ist die richtige?

Als Unternehmerin haben Sie die Wahl zwischen mehreren Rechtsformen. Lesen Sie sich die folgenden Fragen durch. Werden sie mit „Ja" beantwortet, finden Sie in Klammern jeweils die denkbaren Rechtsformen angegeben. Für welche dieser Möglichkeiten Sie sich im Endeffekt entscheiden, ist von vielen Punkten (Finanzen, Steuerrecht usw.) abhängig.

- Wollen Sie Ihre eigene Frau/Ihr eigener Herr sein? (Einzelunternehmen, KG, Stille Gesellschaft, GmbH mit Mehrheitsanteil)
- Wollen Sie eine Partnerschaft mit gleichen Rechten und Pflichten? (BGB-Gesellschaft, OHG, GmbH mit gleichen Anteilen)
- Wollen Sie Geschäftspartner ohne sonderliche Rechte, dann allerdings auch ohne Haftung? (KG)
- Wollen Sie persönlich haften, weil Sie dadurch leichter an Kredite kommen? (Einzelunternehmen, BGB-Gesellschaft, OHG, KG)
- Wollen Sie jedes Haftungsrisiko ausschalten? (GmbH)
- Brauchen Sie noch Fremdkapital von anderen Leuten, wollen es aber nicht publik machen? (Stille Gesellschaft)

6
Buchführung und Bilanzen

Vergessen Sie das Finanzamt nicht

Egal, auf welche Art und Weise Sie sich selbständig gemacht haben, ob allein oder zusammen mit anderen – einen „stillen Partner“ haben Sie immer: das Finanzamt. Es nimmt Ihnen nicht nur einen Teil Ihres verdienten Geldes ab (das kennen Sie ja noch aus Ihren Angestelltenzeiten), es schreibt Ihnen als Unternehmerin auch eine ganze Reihe von Aufgaben vor, die Sie in Zukunft erledigen müssen.

Für viele Jungunternehmerinnen sind diese Dinge, vor allem die Buchführung und die Bilanzen, ein rotes Tuch. Aber sehen Sie die Sache auch einmal von der positiven Seite: Dadurch, daß Sie quasi gezwungen werden, alle Ihre Geschäftsvorgänge penibel aufzuzeichnen, haben Sie auch jederzeit einen Überblick über Ihre augenblickliche wirtschaftliche Lage. Sie stellen sofort fest, wenn das Geld knapp wird. Sie können leicht überprüfen, an welchen Stellen Sie vielleicht etwas großzügig gewirtschaftet haben und wo Sie Geld einsparen können. Sie sehen, was Sie eingenommen haben, wo noch Außenstände sind, mit welchen Zahlungen Sie in der nächsten Zeit rechnen müssen. Kostenkalkulation und Preisgestaltung werden einfacher.

Wenn Sie gar keine Ahnung von Steuern und Steuerzahlungen haben, müssen Sie es lernen. Grundsätzliche Fragen, was Termine, Zahlungsfristen und ähnliches angeht, beantwortet Ihnen natürlich das Finanzamt, auch die Industrie- und Handelskammer. Wenn es darum geht, in die Grundbegriffe der Buchführung einzusteigen, können Sie einen Kursus besuchen. Solche Grundlehrgänge werden unter anderem von den Kammern angeboten und von Volkshochschulen veranstaltet.

Da aber das Steuerrecht eine etwas komplizierte Angelegenheit ist, für Laien nicht ganz einfach zu durchschauen – da Sie aber, wenn Sie es durchschauen, hier und da einige Steuern sparen können, sollten Sie darüber nachdenken, ob Sie nicht einen Experten, einen Steuerberater, engagieren. Natürlich arbeitet er nicht umsonst, aber schließlich mindert sein Honorar Ihr Einkommen – und spart dadurch wieder Steuern.

Gerade bei frischgegründeten Unternehmen empfiehlt es sich, den vor der Gründung aufgestellten Liquiditätsplan einmal im Monat mit der tatsächlichen Geschäftslage zu vergleichen. Sicher werden Sie Abweichungen feststellen (in den ersten Monaten meist nach unten) – zu groß aber dürfen diese nicht werden, damit nicht Ihre ganze Kalkulation ins Wanken gerät.

Wenn Sie ein Gewerbe am Gewerbeamt anmelden, informiert dieses normalerweise auch das Finanzamt. Sind Sie Freiberufler, müssen Sie dem Finanzamt die Existenz Ihrer neuen Firma selbst melden. Liegen Ihre Firma und Ihre Wohnung in zwei verschiedenen Städten, müssen Sie beiden Finanzämtern eine entsprechende Mitteilung machen. Das Finanzamt an Ihrem Wohnort ist später für die Einkommenssteuer zuständig, das Finanzamt am Firmensitz für alle betrieblichen Steuern.

Ihre Aufgaben

Zum ersten Mal fürs Finanzamt arbeiten müssen Sie, wenn man Ihnen nach Ihrer Anmeldung einen Fragebogen zuschickt: Sie werden steuerlich erfaßt. In diesem Bogen müssen Sie allerlei angeben: Persönliches über sich und Ihre Familie, Ihre bisherige Beschäftigung, Ihr bisheriges Finanzamt, sonstige Einnahmen und privates Vermögen. Vor allem aber müssen Sie Ihren neugegründeten Betrieb beschreiben: die Rechtsform, die Zahl der Arbeitnehmer, das Betriebsvermögen, der geschätzte Umsatz, der geschätzte Gewinn. Danach teilt Ihnen das Finanzamt als erstes eine Steuernummer zu, die Sie künftig bei jedem Briefwechsel, bei jeder Zahlung, bei jeder Steuererklärung angeben müssen.

Im wesentlichen sind es vier Aufgaben, zu deren Erfüllung Sie als Unternehmerin übrigens laut Gesetz verpflichtet sind. Die erste Aufgabe: Sie müssen alle Ihre Geschäftsvorgänge sorgfältig aufzeichnen, und zwar so, daß Sie dem Finanzamt jederzeit eine Übersicht über die Vermögens-, Finanz- und Erfolgslage Ihrer Firma geben können. Die zweite: Sie müssen viele Unterlagen eine bestimmte Zeit lang aufbewahren. Die dritte: Sie müssen Steuererklärungen abgeben. Die vierte: Sie müssen Steuervorauszahlungen (Umsatzsteuer, Einkommensteuer etc.) leisten, und Sie müssen Nachforderungen bezahlen.

Wobei die letzte Aufgabe am wenigsten Arbeit macht, keinerlei Kenntnisse voraussetzt, aber dafür am meisten Geld kostet. Aber: Nicht jeder Steuerbescheid ist richtig – auch das Finanzamt kann irren. Sie haben vier Wochen Zeit, um Steuerbescheide zu prüfen oder prüfen zu lassen.

Wann Sie zahlen müssen, sagt Ihnen das Finanzamt. Die Termine für Vorauszahlungen bleiben immer gleich. Es sagt Ihnen auch, wieviel Sie im voraus zahlen müssen. Das einzige, was Sie tun müssen: termingerecht die gewünschte Summe überweisen. Da nicht alle Banken gleich schnell sind, räumt Ihnen das Finanzamt für den Überweisungsweg noch eine gewisse Schonfrist ein (etwa fünf Tage). Ist Ihr Geld dann noch nicht eingetroffen, müssen Sie eventuell schon Säumniszuschläge bezahlen. Hat das Finanzamt einen Monat später immer noch kein Geld von Ihnen, kann es Ihnen einen Gerichtsvollzieher schicken, der Sie dann persönlich zur Zahlung auffordert. Oder seinen Kuckuck hinterläßt.

Das erste Mal Geld sehen möchte Ihr Finanzamt kurze Zeit nach Ihrer Firmeneröffnung, manchmal schon nach vier Wochen, spätestens nach drei Monaten. Und zwar richtet sich die Höhe dieser ersten Einkommensteuervorauszahlung danach, welche Gewinnerwartungen Sie in Ihrem Fragebogen angegeben haben. Rechnen Sie im ersten Jahr eher mit Verlust, werden auch Ihre Vorauszahlungen entsprechend angesetzt: mit 0. Sie brauchen also zunächst einmal nichts zu zahlen – was nicht heißen soll, daß Sie nicht eventuell später nachzahlen müssen.

Auch das Aufbewahren diverser Unterlagen ist eine der leichtesten Übungen – wenn Sie ein bißchen Ordnung in Ihre Sachen bringen, so daß Sie bei Bedarf auch etwas wiederfinden. Wie lange Sie was aufbewahren müssen, schreibt das Gesetz vor. Für Ihre Bücher, Aufzeichnungen, Inventarlisten, Bilanzen – also für alles, was für die Steuerberechnung unbedingt notwendig ist, beträgt die Verwahrfrist zehn Jahre. Für Geschäftsbriefe und andere Unterlagen, die mit der Besteuerung nur in einem indirekten Zusammenhang stehen, ist diese Frist etwas kürzer: sechs Jahre. Verwahren müssen Sie diese Unterlagen für den Fall einer Betriebsprüfung. Die ist bei kleinen Firmen zwar nicht so häufig wie bei großen, kann aber alle zehn Jahre mal vorkommen. Glücklicherweise muß sich der Prüfer eines Finanzamtes einige Wochen vorher anmelden, so daß man noch Zeit hat, Ordnung in die Unterlagen zu bringen – wenn es nötig sein sollte. Haben Sie einen Steuerberater, sollten Sie ihn von einer bevorstehenden Prüfung so zeitig wie möglich informieren und ihn möglichst dazubitten. Geprüft werden bei Kleinbetrieben in der Regel die letzten drei Jahre, und zwar die privaten und die betrieblichen Verhältnisse des Steuerpflichtigen. Und auch Dinge, die in den Bereich der Angestellten übergreifen. Das heißt, für den zu prüfenden Zeitraum müssen Sie für jede Mark, die Sie in Ihren Steuererklärungen geltend gemacht haben, einen Beleg vorweisen können. Sonst müssen Sie die entsprechende Steuer nachzahlen. Und das auch dann, wenn Sie das Geld zwar ausgegeben haben, den Beleg aber nicht mehr wiederfinden.

Hat sich ein Steuerprüfer bei Ihnen angemeldet, ist es zu spät, hinterzogene Steuern nachzuzahlen oder irgendwelche Manipulationen wieder geradezurücken. Sie haben sich dann schon strafbar gemacht.

Steuererklärungen und -voranmeldungen müssen Sie ebenfalls zu bestimmten Terminen, die Ihnen das Finanzamt vorgibt, abgeben. Verspäten Sie sich hierbei, werden Säumnis- und Verspätungszuschläge fällig. Außerdem aber werden Ihre Zahlen vom Finanzamt einfach geschätzt. Und solche geschätzten sind meist höher als die tatsächlichen. Allerdings können Sie gegen solche Schätzungen Einspruch erheben – dann aber unverzüglich. Die andere Möglichkeit: Sie bitten rechtzeitig um eine Fristverlängerung.

Stellt Ihr Finanzamt übrigens nach einigen Jahren fest, daß Sie, seiner Meinung nach, recht unzuverlässig sind, kein rechtes Interesse zeigen, Erklärungen nie, Voranmeldungen selten abgeben, Zahlungen immer verspätet leisten, dann kann es im Extremfall ein Gewerbeverbot für Sie beantragen.

An einer Aufgabe verzweifeln die meisten frischgebakkenen Unternehmerinnen schier: an der Buchführung mit den Bilanzen, das heißt, am Aufzeichnen der Geschäftsvorgänge.

Mancher kann jetzt aufatmen, denn nicht jeder ist buchführungspflichtig. In die Pflicht genommen werden Sie nur, wenn Sie **eine** (nicht alle!) der folgenden Voraussetzungen erfüllen: wenn Ihr Umsatz über 500000 Mark liegt, Ihr Betriebsvermögen 125000 Mark übersteigt oder der Gewinn aus Ihrem Gewerbebetrieb höher als 36000 Mark im Jahr ist. Die sogenannten Kleingewerbetreibenden, die an diese Zahlen nicht herankommen, müssen lediglich ein Kassenbuch führen, ihre Ein- und Ausgaben exakt auflisten. Freiberufler sind nie buchführungspflichtig – und wenn sie noch soviel verdienen. Diese Pflicht ist an den Gewerbeschein gekoppelt. Trotzdem kann es in vielen Fällen sinnvoll sein, freiwillig eine Buchführung zu machen. Denn schließlich ist diese nicht nur fürs Finanzamt da, sondern ermöglicht Ihnen selbst einen exakten Überblick über Ihre Geschäftslage.

Häufig liest man, daß jemand, der einen Handel betreibt, zusätzlich ein Wareneingangs-/ausgangsbuch führen muß. Ein richtiges Buch muß das nicht sein, eine Extraspalte innerhalb Ihrer Konten genügt: Der Warenverkehr muß nachprüfbar sein.

Hier kann nicht im Detail erklärt werden, wie eine doppelte Buchführung funktioniert. Das würde den Rahmen dieses Buches sprengen. Dazu nur so viel: Buchführung ist praktisch nichts anderes als eine regelmäßige, systematische Aufzeichnung aller für Ihre Firma wichtigen wirtschaftlichen Vorgänge – nach bestimmten Richtlinien. Dazu gehören natürlich Einnahmen und Ausgaben, aber auch das Betriebsvermögen, Abschreibungen, Verbindlichkeiten und ähnliche Dinge.

Wer ein gewisses Zahlenverständnis hat, einen Grundkursus besucht oder sich von einem Steuerberater beraten läßt, ist natürlich in der Lage, seine monatliche Buchführung selbst zu machen, ebenso die Jahresschlußabrechnung. Am Anfang macht das zwar viel Arbeit, da aber das meiste immer dem gleichen Schema folgt, wird die Buchführung bald zur Routine.

Wer allerdings nicht das geringste Verständnis für solche Dinge hat oder auch einfach die Zeit besser für andere Arbeiten verwenden kann, der sollte für diese Arbeiten besser einen Steuerberater engagieren. Ihm braucht man nur noch regelmäßig sämtliche Belege zu schicken. Der Berater erledigt nicht nur die Buchführung, sondern erinnert auch an Termine, gibt Tips zur Steuerersparnis und überprüft, ob man vielleicht irgend etwas vergessen hat.

Trotzdem: Lesen sollte man seine Kontoauszüge schon können, nicht nur sorgfältig abheften.

Ihre Steuern

Als selbständige Unternehmerin haben Sie es vor allem mit folgenden Steuern zu tun: der Einkommensteuer (wenn Sie ein Einzel- oder Personenunternehmen haben), der Körperschaftssteuer (bei Kapitalgesellschaften), Lohnsteuer (wenn Sie Mitarbeiter beschäftigen), Umsatzsteuer (wenn Sie nicht gerade Kleinstunternehmer sind), Gewerbesteuer (wenn Sie ein Gewerbe betreiben).

Einkommensteuer muß jeder zahlen, egal ob Gewerbetreibender oder Freiberufler. Und zwar auf Einkünfte jeglicher Art: Einkünfte aus dem Unternehmen, aus nichtselbständiger Arbeit, aus Kapitalvermögen, aus Vermietungen, aus allem „Sonstigem". Nur wenn Sie mit Ihrem Unternehmen keinen Gewinn machen und auch sonst nirgendwoher Geld bekommen, ist Ihre Zahlung ans Finanzamt gleich Null.

Wenn Sie riesige Verluste machen, haben Sie sogar die Chance, früher gezahlte Einkommensteuern, auch aus Ihrer Angestelltenzeit, zurückzubekommen. Das funktioniert so:

Zunächst einmal werden innerhalb eines Jahres Gewinne und Verluste gegeneinander aufgerechnet. Nehmen wir an, Ihre Verluste waren höher als die Gewinne. Dann bleiben Restverluste übrig. Diese werden dann mit den Überschüssen der vorangegangenen zwei Jahre verrechnet, das heißt, Sie bekommen damals gezahlte Steuern zum Teil (oder auch ganz) zurückerstattet. Bleiben immer noch Verluste übrig, kann man diese sozusagen speichern und mit den Einkünften der nächsten fünf Jahre verrechnen. Wobei es allerdings fraglich sein dürfte, ob Sie bei enormen Verlusten die nächsten Jahre noch als Unternehmerin erleben.

Einkommensteuern werden als Vorauszahlungen in bestimmter Höhe geleistet. Diese richten sich zu Beginn Ihrer Selbständigkeit nach der von Ihnen genannten Gewinnerwartung, später nach den eingereichten Steuererklärungen. Fällig werden die Vorauszahlungen vierteljährlich: am 10. März, 10. Juni, 10. September und 10. Dezember. Der Steuersatz selbst ist abhängig von Ihrem Einkommen. Je höher es ist, desto höher ist auch der prozentuale Steuersatz.

Wenn Ihr Einkommen nach der Gründung rasch steigt, ist das zwar einerseits schön für Sie, birgt aber andererseits auch Gefahren. Vor allem, wenn Sie damit kalkuliert haben, im ersten Jahr Verluste zu machen, und deshalb keine Vorauszahlungen leisten müssen. Von Ihren Gewinnen erfährt das Finanzamt erst rund ein Jahr oder noch später, nämlich dann, wenn Ihre Einkommensteuererklärung bearbeitet wird. Dann müssen Sie nicht nur für das erste Jahr Ihrer Selbständigkeit die Einkommensteuer nachzahlen. Unter Umständen müssen auch die Vorauszahlungen für das zweite Jahr rückwirkend nachgezahlt werden. Auf jeden Fall werden ab sofort laufende Vorauszahlungen in entsprechender Höhe festgesetzt. Das heißt, es kann ein erklecklicher Betrag zusammenkommen, den Sie dann innerhalb ganz kurzer Zeit ans Finanzamt überweisen müssen.

Gewöhnen Sie sich vom ersten Monat Ihrer Selbständigkeit an, von Gewinnen, die Sie am Monatsende registrieren, jeweils die Hälfte auf ein Sparbuch zu packen – fürs Finanzamt. So haben Sie bei Fälligkeit das notwendige Kapital beisammen und außerdem noch einige Zinsen kassiert.

Hat sich das mit den Vorauszahlungen später erst einmal eingependelt, sind die Überraschungen nicht mehr ganz so groß. Trotzdem sollten Sie sich ständig vor Augen halten, daß nur die Hälfte des eingenommenen Geldes wirklich Ihnen gehört – und es nicht leichtfertig ausgeben, voller Gottvertrauen, daß bis zur nächsten Steuerzahlung schon wieder genug in der Kasse sein wird.

Die Körperschaftssteuer entspricht im Prinzip der Einkommensteuer, wird aber nur von juristischen Personen, also Gesellschaften, erhoben. Vorauszahlungen werden ebenfalls zu den genannten Quartalsterminen fällig. Der Steuersatz allerdings ist nicht, wie bei der Einkommensteuer, abhängig von der Höhe des Einkommens, sondern bleibt immer gleich: 56%, wenn der Gewinn in der Gesellschaft verbleibt, 36% für die ausgeschütteten Anteile.

Bei Lohn- und Kirchensteuern Ihrer Mitarbeiter sind Sie selbst praktisch nur eine Durchlaufstelle. Sie müssen diese Steuern vom Einkommen Ihrer Mitarbeiter abziehen, einbehalten und an das zuständige Finanzamt weiterleiten. Und Sie müssen die Höhe dieser Steuern selbst ausrechnen. Dafür gibt es Lohnsteuertabellen (in Fachbuchhandlungen), aus denen Sie die entsprechenden Beträge nur abzulesen brauchen.

Auch die Umsatzsteuer (meist als Mehrwertsteuer bezeichnet) ist eine Art durchlaufender Posten, der aber trotzdem Zahlungen zur Folge haben kann. Zunächst einmal müssen Sie als Unternehmerin für alle Produkte und Leistungen, die Sie einkaufen, Mehrwertsteuer bezahlen. (Für die Produkte Ihres Privatlebens natürlich auch – aber das ist Ihr Privatproblem.) Diese bereits bezahlte Mehrwertsteuer ist Ihre Vorsteuer.

Auf alle Produkte und Leistungen, die Sie nun selbst verkaufen, schlagen Sie die Mehrwertsteuer auf. In der Regel sind das 14%, bei manchen Produkten (Lebensmittel, Bücher usw.) nur 7%. Die Differenz zwischen der eingenommenen Mehrwertsteuer und der Vorsteuer müssen Sie ans Finanzamt abführen. Sollte es einmal vorkommen, daß Sie mehr Umsatzsteuer gezahlt als eingenommen haben, bekommen Sie den Überschuß vom Finanzamt zurück. Auch diese Steuern müssen Sie monatlich oder vierteljährlich, je nach Umsatzgröße, abrechnen und die Differenz sofort überweisen.

Es sei denn, Sie sind Kleinstunternehmerin, haben im vergangenen Jahr nicht mehr als 20000 Mark Umsatz gehabt und erwarten im laufenden Jahr nicht mehr als 100000 Mark. Dann kann das Finanzamt auf die Erhebung der Umsatzsteuer verzichten. Bei Jungunternehmern muß das aber nicht unbedingt von Vorteil sein, da diese eventuell (bei hohen Ausgaben und geringen Einnahmen) eine Rückerstattung vom Finanzamt zu erwarten hätten. Damit Sie diese Chance auch wahrnehmen können, sieht das Gesetz vor, daß Sie als Kleinstunternehmerin auf die Umsatzsteuerbefreiung verzichten können.

Üblicherweise wird die Umsatzsteuer fällig mit Ablauf des Monats, in dem Sie eine entsprechende Rechnung geschrieben haben. Sind Sie jedoch Freiberufler oder haben Sie einen jährlichen Umsatz unter 250000 Mark, ist (auf Antrag) die Versteuerung erst in dem Moment notwendig, wenn Ihre Rechnung bezahlt wird.

Gewerbesteuer bezahlen nur Gewerbetreibende, Freiberufler (zum Beispiel Rechtsanwälte, Ärzte, Journalisten) nicht. Die Gewerbesteuer setzt sich aus zwei verschiedenen Steuern zusammen. Für beide gelten gewisse Freibeträge. Zum einen wird der Ertrag, also der Gewinn Ihres Unternehmens, besteuert (Gewerbeertragssteuer, zur Zeit gilt da ein Freibetrag von 36000 Mark), zum anderen das Kapital (Gewerbekapitalsteuer, zur Zeit gilt ein Freibetrag von 120000 Mark). Zum Kapital zählen übrigens auch Dauerschulden (50%), die Sie zum Beispiel zur Finanzierung Ihres jungen Unternehmens gemacht haben, zum Gewerbeertrag die Zinsen für diese Dauerschulden. Die Besteuerungsgrundlagen werden vom zuständigen Finanzamt ermittelt und dann an die Gemeinde, in der Sie Ihren Firmensitz haben, weitergeleitet. Jede Gemeinde vermehrfacht diesen Grundbetrag durch einen sogenannten Hebesatz, der niedrig oder auch hoch sein kann. Will eine Gemeinde zum Beispiel noch Unternehmen anlocken, wird sie einen möglichst niedrigen Hebesatz nehmen. Will sie keinen Gewerbezuzug mehr, wird sie – als Abschreckung – den höchstmöglichen anwenden. Die Gewerbesteuer muß ebenfalls vierteljährlich im voraus gezahlt werden, und zwar am 15. Februar, 15. Mai, 15. August und 15. November. Gewerbesteuern sind übrigens abziehbare Betriebsausgaben, das heißt, Sie dürfen Ihr Einkommen um den gezahlten Betrag vermindern.

Ihre Sparmöglichkeiten

Natürlich können Sie an Steuern, die Sie effektiv bezahlen müssen, nichts einsparen. Sie können aber versuchen, Ihr Einkommen, das für die Berechnung maßgebend ist, soweit wie möglich zu mindern.

Oft sind es nur Kleinigkeiten, an die man aber immer wieder denken sollte. Ihr Auto zum Beispiel. Wenn Sie es auch als Firmenwagen benutzen, brauchen Sie bei jedem Tanken die Benzinquittung. Und bei der kleinsten Reparatur eine Rechnung. Sammeln Sie überhaupt jeden Beleg, der in irgendeinem Zusammenhang mit Ihrer Firma steht. Was dann doch nicht in Frage kommt, sortiert Ihr Steuerberater aus.

Bei allen Belegen müssen Sie darauf achten, daß sie möglichst korrekt ausgefüllt sind. Auf Taxiquittungen zum Beispiel sollte möglichst das Fahrtziel angegeben werden. Wenn Sie Bücher einkaufen, genügt den meisten Finanzämtern die Bezeichnung „Fachbuch“ nicht mehr. Es sollte schon eine Rechnung mit Buchtitel sein. Bei Werbegeschenken (nicht über 50 Mark) notieren Sie am besten auf der Rückseite der Rechnung, für wen das Geschenk bestimmt war und eventuell den Anlaß. Wenn Sie Leute im Rahmen Ihrer geschäftlichen Tätigkeit zum Essen einladen, müssen Sie auf der Rechnungsrückseite nicht nur die Namen aller Eingeladenen, sondern auch Ihren eigenen vermerken. Ist der gesamte Rechnungsbetrag höher als 200 Mark, müssen Sie als Bewirtende vorne auf der Rechnung als Rechnungsempfängerin ausdrücklich genannt werden.

Achten Sie bei jeder Quittung, jeder Rechnung auf die Mehrwertsteuer. Bei Beträgen bis 100 Mark genügt es, wenn nur der Prozentsatz angegeben ist, bei höheren Beträgen müssen Prozentsatz und der Betrag in DM ausgeworfen werden.

Jeder Beleg, den Sie nicht haben oder der falsch ausgefüllt ist, kostet Sie Geld: Sie zahlen nämlich mehr Steuern.

Wenn Sie Ihr Büro zu Hause haben, können Sie den beruflich genutzten Teil der Wohnung absetzen. Und zwar nicht nur die anteilige Miete, sondern – anteilig – auch alle anderen Kosten wie Strom, Heizung und so weiter. Bei den Telefonkosten müssen Sie ungefähr nachweisen können, wie hoch der private und wie hoch der berufliche Teil der Rechnung ist. Am besten geht das dann, wenn Sie einige Rechnungen aus der Zeit vor Ihrer Selbständigkeit beilegen, so daß man vergleichen kann, wie sehr die Telefonkosten seitdem gestiegen sind. Wenn Sie Ihr Auto beruflich und privat nutzen, führen Sie am besten freiwillig ein Fahrtenbuch, in das Sie zumindest die beruflichen Fahrten eintragen – mit Kilometerstand und Fahrtziel.

Natürlich können Sie alle Kosten, die im Zusammenhang Ihrer geplanten Gründung stehen (aber schon vor dem Gründungstag entstanden), als steuermindernd geltend machen: den Besuch von Kursen, den Gründungsberater, Fahrtkosten, Telefonkosten, natürlich auch die Kosten für dieses Buch. Wenn Sie für irgendwelche dieser Dinge keine Belege bekommen, können Sie selbst sogenannte „Eigenbelege“ ausschreiben, in denen Sie Höhe und Grund der Ausgabe nennen (möglichst genau definieren).

Selbst wenn Sie beschließen, sich lieber doch nicht auf eigene Füße zu stellen, können Sie sogenannte „vergebliche" Gründungskosten ansetzen. Das lohnt sich bei kleinen Beträgen zwar kaum – aber stellen Sie sich vor, jemand hat vielleicht vorschnell einen langfristigen Mietvertrag unterschrieben und muß nun zahlen, bis ein Nachmieter gefunden ist . . .

Eventuell lohnt es sich auch, Ihren Mann und/oder größere Kinder in Ihrer Firma als Aushilfe zu beschäftigen. Natürlich muß sich das Gehalt innerhalb bestimmter Grenzen bewegen, damit nicht plötzlich Ihre Familie Krankenversicherungsbeiträge und Steuern zahlen muß, die Sie eigentlich sparen wollten. Ist Ihr Mann ebenfalls selbständig, funktioniert dieses Anstellen schon nicht mehr, weil Sie Ihre Steuern dann nur vom einen auf den anderen umschichten.

Zwar nicht steuermindernd, aber immerhin steuerverschiebend wirkt es sich aus, wenn Sie in den letzten Wochen des Jahres keine Rechnungen mehr schreiben, sondern erst wieder nach dem 1. Januar. So verlagern Sie diese Einnahmen aufs nächste Jahr. Hatten Sie dagegen im ablaufenden Jahr hohe Einnahmen und müssen sowieso in Kürze größere Investitionen vornehmen (vielleicht neue Maschinen kaufen o. ä.), dann sollten Sie das noch vor dem 31.12. machen (und auch bezahlen), da diese Ausgaben noch Ihre Steuerzahlungen für das laufende Jahr vermindern. Aber: Dieser Tip funktioniert nur dann, wenn Sie keine Bilanzen, sondern nur Überschußermittlungen erstellen müssen.

Checkliste 6: Sind Sie ein guter Steuerzahler?

Ein guter Steuerzahler ist, wer seine Steuern zwar pünktlich bezahlt, aber möglichst nur genau so viel, wie er auch wirklich zahlen muß – und nicht einen Pfennig mehr. Wenn Sie in folgender Checkliste noch Möglichkeiten zum Steuersparen entdecken, nutzen Sie sie.

- Zahlen Sie Ihre Steuern immer erst zum fälligen Termin, selbst wenn das Geld bereit liegt?
- Legen Sie die Hälfte Ihres Gewinnes als „Steuersparbuch", zinsgünstig an?
- Könnten Sie Ihren Betrieb auch in einem Nachbarort eröffnen, in dem die Gewerbesteuer niedriger ist?
- Denken Sie bei Ihren Rechnungen immer daran, die Umsatzsteuer (Mehrwertsteuer) aufzuschlagen?
- Denken Sie bei jedem Einkauf für Ihre Firma, auch beim Radiergummi und dem Frühstückskaffee, an einen Beleg?
- Achten Sie immer darauf, daß solche Belege korrekt ausgefüllt sind?
- Haben Sie überprüft, ob es für Sie – obgleich Sie Kleinstunternehmerin sind – günstiger ist, umsatzsteuerpflichtig zu sein?
- Haben Sie für alle Kosten im Zusammenhang mit Ihrer Existenzgründung Belege, notfalls auch Eigenbelege?
- Können Sie Familienmitglieder als Aushilfen engagieren?

7
Versicherungen

Sorgen Sie vor

Versicherungen sind für viele Leute ein Buch mit sieben Siegeln. Wer weiß schon wirklich ganz genau, welche detaillierten Risiken abgedeckt werden und vor allem, welche nicht? Wer weiß schon, worin sich die einzelnen Unternehmen unterscheiden? (Verkürzte Antwort: Die Leistungen unterscheiden sich kaum, die Prämien sehr.) Wer kann nachrechnen, wann Versicherungssparen wirklich eine gute Geldanlage ist?

Viele junge Unternehmerinnen, die sich gerade erst auf eigenen Füße gestellt haben, wollen sich mit solchen Fragen gar nicht belasten. Aus zwei Gründen: Zum einen hassen viele dieses „Sicherheitsstreben", zum anderen ist bei den meisten das Geld einfach knapp. Versicherungen sind (meist) nicht vorgeschrieben – Sie können das Geld an anderer Stelle im Augenblick viel besser gebrauchen – es wird schon nichts passieren.

Solche Überlegungen sind nur zum Teil richtig. Zwar gibt es für die meisten Unternehmerinnen keine Versicherungspflicht mehr. Da ihr soziales Netz aber sehr viel lockerer gespannt ist als bei Angestellten, sollten sie auf manche Versicherungen nicht verzichten. Andererseits gibt es auch eine ganze Menge Versicherungen, die wirklich überflüssig sind und nur Geld kosten.

Wer sich also pauschal gegen alles versichert, macht genausoviel falsch wie diejenige, die völlig darauf verzichtet.

Versicherungen brauchen Sie für drei verschiedene Bereiche Ihrer Selbständigkeit. Einmal müssen Sie betriebliche Risiken absichern, dann sich selbst gegen Krankheit und Unfall, und schließlich müssen Sie für Ihr Alter vorsorgen.

Nun gibt es für jeden dieser Bereiche die verschiedensten Angebote: notwendige Versicherungen, wenig sinnvolle und überflüssige. Überlegen Sie also als erstes, wie groß die Wahrscheinlichkeit ist, daß ein Risiko, gegen daß Sie sich versichern können, gerade bei Ihnen vorhanden ist. Ist sie groß, empfiehlt sich die Versicherung. Ist die Wahrscheinlichkeit sehr gering, können Sie auf die Versicherung verzichten. Kann der Fall eventuell eintreten, müssen Sie das Risiko abwägen. Sie müssen also überlegen, ob der Schaden so groß sein könnte, daß Sie sich dagegen versichern müssen. Nehmen wir als Beispiel eine private Versicherung: die Glasversicherung. Sie ersetzt die Kosten, wenn eine Fensterscheibe zu Bruch geht. Nun überlegen Sie einmal, wann das letzte Mal bei Ihnen eine Scheibe zersprungen ist. Und wenn morgen der Fall eintreten würde, ob Sie die Scheibe dann nicht aus eigener Tasche bezahlen können? Ob also diese Versicherung nicht vielleicht zu den überflüssigen zählt.

Solche Beispiele gibt es für alle Bereiche des Privatlebens und auch der Firma. Aber: Es kommt immer auf den einzelnen Fall, den einzelnen Betrieb an. Eine Versicherung, die für den einen völlig überflüssig ist, kann für den anderen lebensnotwendig sein. Sind Sie sich bei einem Risiko nicht ganz sicher, ob der Fall eintreten könnte, gibt es natürlich noch eine Möglichkeit: Legen Sie das Geld, das Sie sonst für die Prämien ausgeben würden, auf die hohe Kante, für den Notfall – und kassieren Sie selbst die Zinsen.

Oft werben Versicherungsvertreter mit der Steuerersparnis. Bevor Sie aus diesem Grund einen Vertrag unterschreiben, sollten Sie Ihren Steuerberater zwei Dinge fragen: ob diese Versicherung wirklich auch in Ihrem speziellen Fall Steuern spart und ob Sie eine zusätzliche Versicherung überhaupt noch im Rahmen Ihrer Abschreibungsmöglichkeiten nutzen können.

Preiswerte und teure Versicherungen

Genauso wichtig wie die Wahl der richtigen Versicherungen ist die Wahl der richtigen Versicherungsgesellschaft. Dabei geht es weniger um das Kleingedruckte in den Verträgen – auch wenn Sie es immer genau durchlesen sollten. Im Prinzip aber sind die Versicherungsbedingungen bei allen Unternehmen gleich. Auch was die Leistung angeht, gibt es kaum Unterschiede. Was die richtige Auswahl so wichtig macht, vor allem für eine noch wenig finanzkräftige Jungunternehmerin, sind einzig und allein die Prämien. Und dabei gibt es eklatante Unterschiede: Eine Versicherung beim Unternehmen A kann dreimal so teuer sein wie eine entsprechende beim Unternehmen B – und das bei gleichem Versicherungsschutz. Daraus resultiert, daß Sie einem Versicherungsvertreter nie blind vertrauen sollten. Denn seine Prämie hängt von Ihrer Prämie ab, er verdient an einer teuren Versicherung mehr als an einer billigen.

Grundsätzlich sollten Sie sich immer Informationsmaterial von verschiedenen Versicherungsunternehmen besorgen. Die besten Vergleichsmöglichkeiten besitzen Sie, wenn Sie sich speziell für Ihren Fall ein Angebot ausarbeiten lassen. Das ist zunächst einmal ein kostenloser Service des Unternehmens.

Schließlich sollten Sie Versicherungen immer nur mit einem Jahr Laufzeit abschließen. Wenn Sie dann nach kurzer Zeit feststellen, daß Sie bei einem teuren Unternehmen gelandet sind oder diese Versicherung für Sie nicht notwendig ist, haben Sie wenigstens die Chance, zu kündigen. Allerdings werden Ihnen viele Vertreter auf diesen Wunsch hin zunächst einmal antworten, daß

10-Jahres-Fristen vorgeschrieben sind und es anders nicht geht. Verlassen Sie sich darauf: Es geht anders. Spätestens, wenn Sie erklären, daß Sie in diesem Fall leider auf den Abschluß verzichten und zur Konkurrenz gehen müssen.

Übrigens: Wenn hier nun der Eindruck entstanden sein sollte, es gäbe unter den Versicherungsvertretern nur schwarze Schafe, dann stimmt das nicht. Die weißen trifft man nur nicht so häufig. Sie brauchen übrigens nicht unbedingt einen Vertreter; Sie können eine Versicherung auch direkt mit den Unternehmen abschließen.

Betriebliche Risiken

Ganz egal, ob Sie ein Geschäft, eine Bäckerei, eine Werkstatt, ein Beratungsbüro haben – die wichtigste betriebliche Versicherung, auf die Sie nicht verzichten dürfen, ist die sogenannte **Betriebshaftpflichtversicherung**. Sie springt immer dann ein, wenn anderen durch Ihren Betrieb oder Ihre Mitarbeiter Schäden zugefügt werden. Das betrifft z. B. die Kundin, die vor Ihrem Geschäft auf dem nicht gestreuten Bürgersteig ausrutscht und sich ein Bein bricht, den Fahrer Ihrer Firma, der eine Massenkarambolage verursacht, und auch Umweltschäden, für die Ihre Firma verantwortlich ist.

Neben der üblichen Betriebshaftpflicht gibt es noch zwei Spezialangebote. Die **Vermögenshaftpflichtversicherung** kann für Unternehmerinnen in beratenden Berufen wichtig sein, etwa für Rechtsanwältinnen und Steuerberaterinnen. Für Berufe also, in denen den Klienten – zum Beispiel durch falsche Beratung oder durch das Versäumen bestimmter Fristen – ein Vermögensverlust entsteht.

Dann gibt es noch die **Produkt-Haftpflichtversicherung**. Sie springt dann ein, wenn in Ihrer Firma – durch menschliches Versagen oder durch einen Fehler einer Maschine – ein fehlerhaftes Produkt fabriziert und durch dieses Produkt anderen Menschen Schaden zugefügt wird. Denken Sie nur an die Meldungen, die immer häufiger durch die Presse gehen: vergiftete Muscheln, vergiftetes Öl, schädlicher Kindertee – um nur von Lebensmitteln zu reden. In begrenzter Höhe werden solche Schäden allerdings auch von der allgemeinen Betriebshaftpflichtversicherung mit übernommen.

Grundlage für die Berechnung der Prämienhöhe ist eine Betriebsbeschreibung, die Sie selbst anfertigen müssen. Beim Ausfüllen dieses Formulars sollten Sie keine Risiken herunterhandeln und nichts verschweigen, nur um Prämie zu sparen. Das kann später teuer werden. Bei vielen Betriebshaftpflichtversicherungen kann man eine private Haftpflicht ohne Zusatzkosten einschließen lassen. Dieses Angebot sollten Sie nutzen. Wenn Sie bereits eine private Haftpflichtversicherung haben, dann müssen Sie die kündigen. Nach der Regulierung jedes Schadens – sei er noch so klein – haben beide Seiten, Versicherung und Versicherungsnehmer (also Sie), das Recht zur Kündigung.

Wichtig ist für viele Firmen eine **Feuerversicherung**. Wobei Sie wissen müssen, daß diese Versicherung nur in ganz bestimmten Fällen einspringt, nämlich bei „Brand, Blitzschlag und Explosion sowie Anprall und Absturz eines bemannten Flugzeugs". Hat es in Ihren Räumen nur gekokelt, waren keine lodernden Flammen zu sehen, müssen Sie trotz Versicherung selbst sehen, wie Sie mit dem Schaden fertig werden.

Bei dieser (aber auch bei anderen) Sachversicherungen stellt sich oft erst, wenn das Malheur passiert ist, heraus, daß man unterversichert ist, daß die Versicherungshöhe dem wahren Wert Ihrer Firma also nicht entspricht. Ein Beispiel: Sie haben einen Vertrag über eine Summe von 150000 Mark abgeschlossen; in Wirklichkeit aber ist Ihr Betrieb mit allem Drum und Dran, mit Maschinen, Einrichtung und Warenbestand rund 200000 Mark wert. Sie haben Ihren Betrieb also nur zu 75% versichert. Es brennt – und es entsteht ein Schaden von 100000 Mark. Nun bekommen Sie nicht etwa diesen Betrag ausgezahlt, obgleich der ja unter der Versicherungssumme liegt. Sondern nur 75000 Mark, das entspricht den 75%.

Die **Einbruchdiebstahlversicherung** ersetzt nicht etwa solche Dinge, die ungetreue Kunden klammheimlich mitgehen lassen. Wie es der Name schon sagt, muß der Diebstahl mit einem Einbruch, also mit einer aufgebrochenen Tür, einem eingeschlagenen Fenster verbunden sein. Und ersetzt werden nur Dinge, die wirklich gestohlen wurden. Findet Ihr Einbrecher nur wenig und demoliert aus Zorn die ganze Ladeneinrichtung, dann ist das Ihr Problem. Gelegentlich verlangen Versicherungsgesellschaften beim Abschluß dieser Versicherung besondere Vorsichtsmaßnahmen, zum Beispiel den Einbau von Sicherheitsschlössern und/oder Alarmanlagen.

Wenn Ihr Betrieb aus irgendeinem Grund, etwa durch ein Feuer oder einen Maschinenschaden „stillsteht", Sie also keine Einnahmen, aber weiterlaufende Kosten haben, zahlt das Versicherungsunternehmen Löhne und Gehälter, Miete, Zinsen und den entgangenen Gewinn – wenn Sie eine **Betriebsunterbrechungsversicherung** abgeschlossen haben. Natürlich gibt es auch hier Einschränkungen. Stecken Sie als Jungunternehmerin noch in den roten Zahlen, erhalten Sie keine Gewinnentschädigung – weil Sie noch keinen Gewinn nachweisen können. Daß Sie in dieser Zeit einen hätten haben können, das interessiert nicht.

Technische Versicherungen sind logischerweise nur für Firmen interessant, die eine technische Ausrüstung besitzen. Vielleicht haben Sie schon einmal etwas von einer Maschinenversicherung oder einer Schwachstromversicherung (für Telefon-, Textverarbeitungs-, Alarm- und sonstige Schwachstromanlagen) gehört. Sie zählen zu diesen technischen Versicherungen. Wenn einer Ihrer Mitarbeiter solche Maschinen oder Anlagen beschädigt, sei es durch Ungeschicklichkeit, durch Fahrlässigkeit oder auch reine Boshaftigkeit, wird Ihnen der Schaden durch die Versicherung ersetzt.

Oft wird auch eine **Kreditversicherung** angeboten, für Firmen, die regelmäßig hohe Kundenforderungen haben. In diesem Fall überprüft die Versicherung zunächst die Bonität Ihrer Kunden. Ist sie mit dem Ergebnis zufrieden, versichert sie die Höhe Ihrer Forderungen. Wobei dieses Vorgehen nach Meinung mancher Leute etwas merkwürdig ist: Eine Versicherung sollte doch gerade bei einem hohen Risiko schützen. Ist das Risiko gleich Null oder zumindest sehr niedrig, kann man sich eine Versicherung gleich sparen.

Schließlich zählen zu den betrieblichen Versicherungen natürlich auch die Renten- und Krankenversicherungen Ihrer Mitarbeiter. Diese müssen Sie als Firmeninhaberin zwar nicht selbst abschließen. Aber Sie müssen dafür sorgen, daß die Beiträge regelmäßig überwiesen werden.

Krankheit, Unfall, Arbeitslosigkeit

Selbst wer jeder Versicherung ablehnend gegenübersteht, schließt in der Regel eine Krankenversicherung ab. Als selbständige Unternehmerin haben Sie die Wahl zwischen verschiedenen Institutionen: der Allgemeinen Ortskrankenkasse, der Innungskrankenkasse, einer Ersatzkasse und einer privaten Versicherung. Während sich bei anderen Versicherungen der Leistungsumfang kaum unterscheidet, gibt es bei den Krankenversicherungen Unterschiede: kleine innerhalb der verschiedenen gesetzlichen Kassen, größere zwischen den gesetzlichen und den privaten Unternehmen.

Wenn Sie bisher als Angestellte mit Ihrer Krankenversicherung zufrieden waren, gibt es eigentlich keinen Grund zum Wechseln. Es genügt, wenn Sie Ihrer Kasse mitteilen, daß Sie von einem bestimmten Termin an selbständig sind, daß Sie sich freiwillig weiterversichern möchten und wie hoch etwa Ihr monatliches Einkommen sein wird. Dann können Sie sich in der Regel noch zwischen einem Tarif mit Krankentagegeldzahlung und einem ohne Tagegeldzahlung entscheiden. Vor allem für frischgebackene Selbständige mit einem niedrigen Einkommen gibt es recht günstige Beitragsklassen. Während allerdings früher der Arbeitgeber den halben Beitrag gezahlt hat, müssen Sie in Zukunft die ganze Summe selbst tragen. Ändert sich Ihr Einkommen nach einiger Zeit, müssen Sie das natürlich der Kasse mitteilen und werden eventuell in eine andere Tarifklasse eingestuft.

Nur wenige Selbständige zählen weiterhin zu den Pflichtversicherten einer Krankenkasse. Die meisten Selbständigen können entscheiden, ob sie in einer gesetzlichen Versicherung bleiben oder ob sie sich privat versichern wollen. Wobei man beachten sollte, daß es einfach ist, aus der gesetzlichen Kasse herauszukommen, aber schwierig, später einmal wieder hineinzukommen.

Ob es für Sie besser und/oder billiger ist, privat oder gesetzlich krankenversichert zu sein, hängt ganz von Ihrem persönlichen Fall ab. Und zwar von Ihrem Alter, Ihrer Familiensituation und auch von Ihrem Gesundheitszustand. Junge Leute zum Beispiel, die keine Familie haben und kerngesund sind, kommen in einer privaten Krankenversicherung weit billiger weg als in einer gesetzlichen. Wenn Sie Ihren Mann und/oder Kinder mitversichern müssen, kann das schon ganz anders aussehen. Bei dieser Entscheidung sollten Sie auch mitbedenken, wie endgültig Ihr jetziger Familienzustand ist.

Wer sich für eine private Versicherung entscheidet,

muß sich auch hier informieren, welche bei einem vergleichbaren Angebot am preiswertesten ist. Stellen Sie allerdings erst nach einigen Jahren fest, daß Sie in einer teuren Kasse gelandet sind, kann es sein, daß sich ein Wechsel zur billigeren gar nicht mehr lohnt. Denn die Prämie richtet sich unter anderem nach dem Eintrittsalter. Und Sie sind inzwischen, vom Tage des Eintritts an gerechnet, einige Jahre älter geworden und würden in einer anderen, neuen Kasse schlechter eingestuft. Vielleicht hatten Sie in der Zwischenzeit auch einmal eine ernsthafte Erkrankung und müßten nun, bei einer anderen Kasse, einen Risikozuschlag zahlen.

Sie müssen nämlich bei jeder privaten Versicherung alle Vorerkrankungen angeben! Wenn Sie irgend etwas verschweigen, gefährden Sie Ihren ganzen Versicherungsschutz. Und noch etwas: Kündigen Sie Ihre gesetzliche Versicherung erst dann, wenn Sie hundertprozentig wissen, daß die private Versicherung Sie aufnimmt. Ein Angebot ist noch keine Zusage.

Wer in der gesetzlichen Krankenversicherung bleiben will, kann aber trotzdem einige Angebote der privaten Versicherer nutzen: indem er Zusatzversicherungen abschließt.

Vor allem bei der Höhe des Tagegeldes stellt man oft fest, daß die Zahlungen der gesetzlichen Kasse zu spät beginnen und/oder nicht ausreichen. Hierfür könnte sich eine entsprechende Zusatzversicherung schon lohnen. Je früher diese Versicherung einspringen soll, etwa schon am fünften oder sechsten Tag einer Krankheit, desto höher sind die Beiträge. Muß die Versicherung dagegen erst etwa ab der dritten Krankheitswoche zahlen, sind die Prämien bei gleichem Tagegeld weit niedriger. Wägen Sie also ab, wie lange Sie ohne Tagegeld über die Runden kommen.

Eine Krankenhauskosten-Zusatzversicherung ist, vor allem für eine noch nicht so ganz finanzkräftige Jungunternehmerin, der reine Luxus. Sie bietet allerdings auch Luxus: freie Arztwahl bei der Behandlung und bei einer Operation im Krankenhaus, und bessere Unterbringung als üblich.

Bei einer Krankenhaustagegeldversicherung bekommen Sie für jeden Tag, den Sie im Krankenhaus verbringen müssen, einen vorher vereinbarten Betrag. Das kann natürlich nützlich sein, zum Beispiel wenn Sie während dieser Zeit eine Aushilfe einstellen müssen. Wenn Sie während Ihrer Arbeit ein höheres Unfallrisiko eingehen als normale Menschen, sollten Sie vielleicht eine Unfallversicherung abschließen, die auch bei Invalidität einspringt. Oder auch dann, wenn Ihre Rente, sollte der Unfall eintreten, nur minimal wäre. Selbständige können sich bei ihrer zuständigen Berufsgenossenschaft versichern. Dieser Unfallschutz erstreckt sich auf alle Folgen von Arbeitsunfällen, aber auch auf Berufskrankheiten. Das private Unfallrisiko dagegen müssen Sie auch privat versichern.

Nun muß nicht immer ein Unfall daran schuld sein, daß Sie nicht mehr arbeiten können; das kann auch während oder nach einer langen Krankheit passieren. Sind Sie Mitglied einer gesetzlichen Rentenversicherung, auch freiwillig, bekommen Sie automatisch eine Berufsunfähigkeitsrente. Sind Sie dort nicht versichert, müssen Sie fur diesen Fall eine extra Versicherung bei einem Privatunternehmen abschließen. Können Sie nicht mehr arbeiten, auf Dauer oder auch nur für längere Zeit, bekommen Sie nach einer bestimmten Frist eine monatliche Rente und brauchen keine Beiträge mehr zu zahlen, solange Ihre Berufsunfähigkeit dauert.

Das einzige, wogegen Sie sich als Selbständige gar nicht versichern können, auch wenn Sie es gerne möchten, ist gegen Arbeitslosigkeit. Die einzige Versicherung, die es dagegen gibt, ist Ihr Können, Ihr Geschick, sich zu verkaufen und was dergleichen Dinge mehr sind. Nur diese

Dinge sichern Sie dagegen, daß Sie nie unter Arbeitslosigkeit zu leiden haben und Ihre Firma nicht mangels Aufträgen wieder schließen muß.

Nur für wenige Leute gibt es eine Ausnahme von dieser Regel: Wer vor der Selbständigkeit Arbeitslosengeld bekommen hat, bekommt wieder Arbeitslosengeld, wenn er innerhalb von zwei Jahren nach ihrer Eröffnung die Firma wieder schließt. Kommt es aber zwischendurch einmal vor, daß Sie nichts verdienen, weil das Geschäft nicht richtig läuft oder der Markt zur Zeit so schlecht ist, dann müssen Sie als Selbständige selbst zusehen, wer Ihnen die nächsten Brötchen bezahlt.

Vorsorge fürs Alter

Die Frage der Altersversorgung wird von vielen jungen Frauen, die sich selbständig machen, erst einmal beiseite geschoben. Oder, noch schlimmer, sogar ganz bewußt ausgeklammert. Begreifbar ist das noch, wenn man wirklich mit jedem Pfennig rechnen muß. Leichtfertig wird es, wenn man eine solche Vorsorge als „bürgerliches Sicherheitsdenken" abtut. Egal, welches die Gründe für dieses Verhalten sind – sie sind falsch. Um es einmal ganz brutal auszudrücken: Verzichten kann auf eine Altersversorgung nur die Selbständige, die ganz sicher weiß, daß sie nicht alt wird.

Wer vor Beginn seiner Selbständigkeit Mitglied einer gesetzlichen Rentenversicherung (der BfA oder der LVA) war, kann das auch als Selbständiger bleiben. Und hat sogar die Wahl zwischen der weiterführenden Pflichtversicherung oder einer freiwilligen Mitgliedschaft. Als Pflichtmitglied zahlen Sie die gesetzlich vorgeschriebenen Beiträge, entsprechend der Höhe Ihres Einkommens – auch hier den vollen Beitrag und nicht, wie früher als Angestellte, nur die Hälfte. Als freiwillig Versicherte bestimmen Sie die Beitragshöhe selbst – wobei es natürlich einen Mindestbeitrag gibt.

Wenn Sie sich auf Antrag pflichtversichern, dann können Sie sich, auch nach Jahren, nicht mehr anders entscheiden; die Rentenversicherung läßt Sie nicht ziehen. Es sei denn, Sie arbeiten nicht mehr selbständig. Oder Sie können nachweisen, daß Sie eine gleichwertige Altersvorsorge besitzen, zum Beispiel bei berufsständischen Versorgungsunternehmen. Eine freiwillige Versicherung dagegen können Sie jederzeit beginnen, können sie, wenn es vorteilhaft sein sollte, ruhenlassen oder auch wieder beenden, wenn Sie feststellen, daß andere Versorgungsmöglichkeiten günstiger für Sie sind.

Ob eine Pflicht- oder eine freiwillige Mitgliedschaft vorteilhafter ist, muß von Fall zu Fall berechnet werden. Unter anderem hängt es davon ab, wieviel Geld Sie schon früher eingezahlt haben, welche Anwartschaften Sie also schon erworben haben, ob Ihnen gewisse Ausfallzeiten wie Ausbildung u. ä. angerechnet werden und ähnliche Dinge mehr. Exakt berechnen kann Ihnen so etwas nur ein Profi, entweder ein Rentenberater oder ein Mitarbeiter einer Lebensversicherung, bei denen solche Berechnungen zum kostenlosen Service gehören (der Ihnen aber anschließend gern eine Lebensversicherung verkaufen würde). Selbst wenn Sie sich als Hauptstandbein eine andere Art der Altervorsorge zulegen, kann es vorteilhaft sein, durch Minimalzahlungen Ansprüche, die man sich in den vergangenen Jahren erworben hat, aufrechtzuerhalten. Da aber diese ganzen Überlegungen und Berechnungen kompliziert und zeitraubend sind, läßt Ihnen der Staat vom Tag Ihrer Selbständigkeit an zwei Jahre Zeit, eine Entscheidung zu treffen.

Als weitere Arten der Alterversorgung bieten sich zunächst einmal die berufsständischen Versorgungsunternehmen an. Auch hier können Sie die Höhe Ihrer Beitragszahlungen selbst festlegen.

Dann die Lebensversicherungen. Dabei gibt es zahlreiche Tarifvariationen, auf den Tod und auf das Leben oder auch beides miteinander kombiniert. Eine Risiko-Lebensversicherung versichert das Risiko „Tod". Wenn Sie sterben, bekommen Ihre Angehörigen eine vereinbarte Summe ausgezahlt. Haben Sie keine Angehörigen oder sind diese selbst gut versorgt, brauchen Sie auch keine Risiko-Lebensversicherung.

Wenn es speziell um die Altersversorgung geht, bieten sich die Kapital- oder Rentenversicherungen an. Sie zahlen jeden Monat vereinbarte Beiträge und erhalten, etwa wenn Sie 60 sind, entweder das Kapital oder eine entsprechende monatliche Rente. Sie können davon ausgehen, daß Sie nach etwa 30 Jahren Beitragszahlung durch Zinsen und Gewinnbeteiligungen ungefähr das Doppelte des vereinbarten Betrags ausgezahlt bekommen. Beim Abschluß einer Lebensversicherung müssen Sie unter Umständen eine ärztliche Bescheinigung über Ihre Gesundheit einreichen. Oft verlangen übrigens Banken den Abschluß einer entsprechenden Lebensversicherung bei der Gewährung eines größeren Darlehens.

Sie sollten sich aber auch einmal bei Banken über andere Möglichkeiten der Geldanlage beraten lassen. Unter Umständen können Sie mit monatlichen Zahlungen, die den Lebensversicherungsprämien entsprechen, eine viel bessere Rendite erwirtschaften.

Checkliste 7: Was tun Sie gegen Risiken?

Passieren kann viel, in der Firma, zu Hause, auf dem Arbeitsweg, jetzt und später. Versichern können Sie sich praktisch gegen alle Wechselfälle des Lebens. Überprüfen Sie, welche bei Ihnen auftreten können. Und ob Sie abgesichert sind!

- Kennen Sie die Risiken Ihres Betriebes?
- Können Sie unterscheiden zwischen „einfachen" Risiken und solchen, gegen die man sich absichern sollte?
- Haben Sie sich von verschiedenen Versicherungsunternehmen Angebote machen lassen?
- Haben Sie beim Ausfüllen eines Vertrages auf die Laufzeit geachtet (nicht länger als ein Jahr)?
- Haben Sie schon eine Betriebshaftpflichtversichung?
- Haben Sie den Wert Ihrer Firma richtig berechnet, mit Maschinen, deren Montage, mit Einrichtung und Warenlager?
- Sind Sie mit Ihrer gesetzlichen Krankenkasse zufrieden?
- Ist eine private Versicherung für Sie auf Dauer billiger?
- Gibt es in Ihrem Beruf ein hohes Unfallrisiko?
- Haben Sie mit einem Experten über die Möglichkeiten der Altersversorgung gesprochen?
- Haben Sie sich bei einer Bank über andere Möglichkeiten der Geldanlage/Altersversorgung beraten lassen?

8
Praxis

Machen Sie jetzt keine Fehler

Irgendwann ist Ihre Planung beendet, das Geld vorhanden, der Mietvertrag abgeschlossen – dann wird es Ernst. Oder, besser ausgedrückt (ernst war es schließlich vorher auch schon): Die Praxis beginnt.

Im Laden beginnt sie vielleicht mit einer rauschenden Eröffnung, bei der sich die Neugierigen gegenseitig auf die Füße treten. In einem Schreibbüro, in einer Firma ohne Laufkundschaft, verläuft diese Stunde Null weniger spektakulär: mit dem Warten auf das erste Telefonklingeln. Wahrscheinlich werden Sie in den nächsten Monaten viel Zeit mit dieser erholsamen, aber wenig einträglichen Beschäftigung zubringen.

Jetzt erweist es sich, ob Ihre Umsatzerwartung richtig war. War sie zu niedrig, schätzen Sie sich glücklich. Meist aber war sie zu hoch. Etwa nach folgender Milchmädchenrechnung: Ein Kunde in der Stunde, das ist ja nun wirklich nicht viel, macht also acht am Tag. In der Praxis zeigt's sich dann, vor allem, wenn das Wetter nicht mitspielt, daß keineswegs acht Kunden am Tag kommen, auch nicht sechs oder vier, sondern vielleicht nur zwei.

Machen Sie sich vorher darauf gefaßt: Nach der Eröffnung Ihrer Firma läuft ganz selten alles so, wie Sie es sich vorgestellt haben.

Damit es aber trotzdem in die richtige Richtung läuft, müssen Sie etwas tun. Vor allem wissen, wie man alte Kunden hält und neue dazugewinnt. Außerdem brauchen Sie eine klare Konzeption für die nächsten Jahre. Denn Ihre Konkurrenz schläft nicht. Sie müssen sich also immer wieder etwas einfallen lassen, um besser zu sein als die anderen. Und damit die Leute auch merken, daß Sie besser sind, müssen Sie werben. Mit sich und Ihren Produkten oder Leistungen. Irgendwann müssen Sie wohl auch lernen, mit Mitarbeitern umzugehen. Und schlimmstenfalls, wenn sich das gewünschte Ergebnis partout nicht einstellen will, sollten Sie auch bereit sein, wieder aufzugeben. Dann aber rechtzeitig.

Einrichtung und Eröffnung

Wer eine Firma eröffnet, der braucht in den meisten Fällen eine Einrichtung. Wer seinen Blick nun auf perfekte Büroeinrichtungen aus dem Einrichtungshaus, auf noble Ladenbausysteme richtet, wird bald den Schock seines Lebens bekommen: Das ist ein unglaublich teurer Spaß, für Einsteiger praktisch unbezahlbar.

Aber gerade bei der Erstausstattung kann man viel sparen. Beginnen wir mit dem nackten Raum: Wände streichen, Strahler installieren, Teppichboden verlegen – das können Sie selbst. Oder Sie kennen jemanden, der das kann. Sparen Sie sich den Handwerker, investieren Sie dafür lieber ein bißchen mehr in den Bodenbelag, nehmen Sie eine besonders strapazierfähigen Sorte. Und bringen Sie Ihre Strahler erst dann an, wenn Sie wissen, wo später die Möbel stehen sollen. Damit Sie nicht die falschen Ecken ausleuchten.

Büromöbel können Sie übrigens auch gebraucht kaufen. Das heißt nicht, angeschrammte, umfunktionierte Stücke vom nächsten Flohmarkt oder Trödler, sondern richtige Schreib- und Schreibmaschinentische, Aktenschränke, Ablagen – alles, was Sie brauchen. Nicht mehr brandneu, aber gut erhalten. Zu finden in der Abteilung „Gebrauchtmöbel", die jeder große Büroeinrichtungs- und Büromaschinenhändler hat.

Die erste Ladeneinrichtung wird meist selbstgebaut. Unter tatkräftiger Mithilfe von Ehemännern, Freunden, Brüdern, Vätern, die so auch etwas zur Förderung der jungen Existenz beitragen können. Aber suchen Sie sich nur Helfer aus, die auch wissen, wie man zwei Bretter fachgerecht zusammenschraubt. Allzu amateurhaft darf es schließlich auch nicht aussehen.

Wenn Sie nicht so recht wissen, wie Sie Ihre Büroräume, Ihren Laden einrichten sollen, dann gehen Sie ruhig auf Ideenklau. Schauen Sie sich andere Geschäfte an, blättern Sie auch mal in Wohnzeitschriften. Auch dort findet man Beispiele, die sich problemlos auf Firmenräume übertragen lassen. Manchmal ist es eine bestimmte Farbe, die einer Sache den besonderen Pfiff gibt, die Art der Beleuchtung, sind es viele Spiegel oder Pflanzen.

Bei Maschinen und anderen „Großgütern“ sollten Sie sich mal ausrechnen lassen, ob Sie nicht mit Leasing vorteilhaft bedient sind. Als Unternehmerin können Sie die monatlichen Leasing-Raten von Ihrem Einkommen abziehen, Sie sparen also Steuern. Und können das gesparte Geld zum Beispiel für Werbung oder ähnliche Dinge einsetzen.

Am preiswertesten einrichten kann sich natürlich die Jungunternehmerin, die nur irgendwo in der Wohnung eine Ecke freiräumen muß. Wobei es sich aber auch in diesem Fall empfiehlt, nicht nur eine Ecke, sondern möglichst einen ganzen Raum freizuräumen. In dem man auch mal die Arbeit liegenlassen kann, abends die Tür zumacht und sagt: Jetzt ist Feierabend.

Aber so weit sind wir noch lange nicht (beim Feierabend nämlich). Also kehren wir wieder zurück zum Geschäft. Zu vielen Geschäften gehört eine kleine, nicht ganz alltägliche Werkstatt. Zum Beispiel bei einer Porzellanmalerin, einer Goldschmiedin, einem Glasgraveur. Eine Sache also, die Ihre Kunden interessiert und neugierig macht, die sie gern näher kennenlernen möchten. Versuchen Sie, wenn es möglich ist, so eine Werkstatt in den Verkaufsraum mit einzubeziehen, so daß der Kunde zusehen kann, wie so ein kleines Kunstwerk entsteht. Das macht übrigens nicht nur den Kunden Spaß, sondern wahrscheinlich auch Ihnen, wenn Sie nicht nur über Preise reden, sondern auch ein bißchen über die Entstehung, die Technik der Dinge.

Die Neugier ihrer Kunden hat sich vor einigen Jahren

auch eine große Bäckereikette zunutze gemacht. In ihren Filialen kann man dem Bäcker beim Backen zuschauen. Und natürlich wird diese Geschäftsidee auch in der Werbung groß herausgestellt.

Eine Versicherungsagentur, ein Schreibbüro, ein Café oder ein Lebensmittelgeschäft können Sie bedenkenlos dann eröffnen, wenn Ihre Vorbereitungen abgeschlossen sind. Für einige Firmen allerdings gibt es gute und weniger gute Termine, Hochkonjunkturen und flaue Zeiten. Einen Kunstgewerbeladen etwa im Januar zu eröffnen, wenn Ihre Kundschaft gerade alles Geld für die Weihnachtsgeschenke ausgegeben hat, oder ein Reisebüro im Juli, wenn die meisten Leute unterwegs sind – das ist auf jeden Fall ein frustrierender und wenig geschäftsfördernder Einstieg. Natürlich müssen Sie auch in den folgenden Jahren mit diesen Zeiten leben – dann aber haben Sie wenigstens Reserven aus den vorangegangenen Monaten in der Kasse.

Wer ein Geschäft hat, für den sind die Schaufenster wichtig. Sie sollten nicht zu klein sein – es sei denn, Sie handeln mit Münzen oder Briefmarken. Im Idealfall kann man durch die Fenster in den Ladenraum schauen und noch mehr sehen. Die Dekoration sollte ein bißchen pfiffig sein – so daß jemand nicht unbedingt wegen des einen Pullovers im Fenster zu Ihnen hereinkommt, sondern eher, weil er das Gefühl hat, daß Sie generell etwas anzubieten haben. Denken Sie nur mal an die Weihnachtszeit, wo sich die großen Geschäfte gegenseitig in ihren Schaufensterdekorationen überbieten, die Leute sich die Nasen an den Scheiben platt drücken. Nicht, um den einen Teddy oder die eine Puppe zu sehen, sondern weil das ganze Drumherum anzieht. Und dann natürlich auch in den Laden lockt.

Nun ist das Dekorieren für einen Anfänger eine problematische Sache. Selbst wenn Sie es später selbst machen wollen, empfiehlt es sich, für die ersten Male einen Fachmann zu holen und ihm genau auf die Finger zu schauen. Ein Tip dazu: Wenn es in Ihrer Stadt eine Kunsthochschule gibt, können Sie vielleicht einen Studenten der höheren Semester engagieren. Solche Leute haben einfach andere Einfälle als Otto Normalverbraucher und sind froh, wenn sie schon vor dem Examen mal Praxisluft schnuppern und ein bißchen Geld verdienen können. Aber: Die Dekoration muß natürlich zu Ihrem Angebot und Kundenkreis passen.

Der Eröffnungstag schließlich sollte auf irgendeine Art herausgestellt werden. Wenn Sie etwa eine Bäckerei eröffnen, laden Sie die Kunden doch zum Kuchen ein. Vor einem Spielzeugladen können Sie eine Riesentraube bunter Luftballons aufhängen und Seifenblasen-Pusteröhrchen verteilen. In einem Geschenkeladen können Sie – nur für den einen Tag – eine riesige Schleife um die Eingangstür binden. Denken Sie mal drüber nach – es gibt so viele Ideen. Damit Ihre zukünftigen Kunden Ihren Eröffnungstermin auch kennen, sollten Sie vorher Plakate in die noch leeren Schaufenster hängen, Zeitungsanzeigen schalten oder Handzettel verteilen.

Ganz wichtig: Versuchen Sie die Presse einzuschalten. Laden Sie den Lokalredakteur Ihrer Tageszeitung und/oder den zuständigen Menschen des größten Anzeigenblattes zur Eröffnung ein. Und wenn sie kommen, widmen Sie ihnen eine Viertelstunde Zeit. Denn solche Leute können durch einen kleinen Text in ihrer Zeitung „Neuer Laden eröffnet" eine Menge für Sie tun. Wenn Sie dann gleich noch eine kleine Mappe parat haben, mit einem vorbereiteten Text, was Sie machen und warum Sie es machen, vielleicht noch ein Foto von sich und Ihrem Geschäft dazulegen, dann ist der Service perfekt.

Auch ohne Laden sollten Sie versuchen, in die Presse zu kommen – wenn Sie eine besondere Dienstleistung anzubieten haben, die noch nicht so bekannt und einige Zeilen wert ist. Oder auch, wenn Sie sich als Frau in einem typischen Männerberuf selbständig machen. Einfach, wenn Sie meinen, daß Ihre Geschichte auch ein kleines bißchen Lesestoff bietet.

Wenn Sie es sich finanziell leisten können und wollen, dann bieten Sie Ihren Kunden eine Woche lang Einführungspreise an. Aber kennzeichnen Sie diese als solche. Die Leute dürfen sich nicht wundern, wenn Sie nach kurzer Zeit schon teurer werden.

Mit einem Geschäft auf sich aufmerksam zu machen, ist noch relativ einfach. Schwieriger ist es schon bei einem Büro oder einem anderen Dienstleistungsunternehmen. Weil Sie ja keiner im Vorübergehen sieht. Hier müssen Sie Ihre zukünftigen Kunden wirklich von der Stunde Null an direkt ansprechen und sich immer wieder ins Gedächtnis bringen, sich immer wieder neu verkaufen – mit Briefen, Handzetteln, Anrufen, persönlichen Gesprächen – je nach Art Ihres Unternehmens.

Denn: Werbung muß sein. Und darüber lesen Sie mehr im nächsten Absatz.

Werbung muß sein

Eine ganze Menge junger Unternehmerinnen halten von Werbung überhaupt nichts. Und das nicht nur, weil Werbung Geld kostet. Sondern weil sie sich lieber auf zufriedene Kunden, auf die Von-Mund-zu-Mund-Propaganda verlassen. Natürlich ist diese Empfehlung von einem zum anderen die beste und effektivste Werbung, die es gibt. Nur – bei einem Newcomer dauert es einfach viel zu lange, bis sich herumgesprochen hat, daß Sie existieren und vor allem, daß Sie gut sind. Sie müssen zusätzlich auf sich aufmerksam machen.

Ausgangspunkt jeder persönlichen Werbung sind zunächst einmal Firmenname und, falls vorhanden, Firmenzeichen. Als Firmenzeichen bezeichnet man ein Signet wie zum Beispiel den früher benutzten Elch der bekannten schwedischen Möbelfirma oder auch den Schrägbalken im Kasten einer bekannten Bank. Ein Wiedererkennungszeichen, das, wenn es wirklich gut ist und bekannt gemacht wird, jeden weiteren Namenszusatz erspart. Wenn Sie sich für so ein Signet entscheiden, muß es auffallend und einprägsam sein. Am besten setzen Sie sich mit einem Grafiker zusammen (es muß ja keine teure Werbeagentur sein) und lassen sich beraten.

Firmenname und eventuelles Firmenzeichen müssen sich auf allem wiederfinden, was mit Ihrer Firma zu tun hat: auf Briefbögen und Visitenkarten, auf Preisetiketten und Einkaufstüten. Und: Es muß immer die gleiche Schriftart in der gleichen Farbe sein. Denn nur durch die stete Wiederholung prägen sich Name und Zeichen vor allem bei weniger regelmäßigen Kunden ein.

Wenn Sie ein Auto besitzen, können Sie auch dieses mit Ihrem Firmannamen beschriften lassen und so kostenlos „Reklame" fahren.

Für ein Büro ist das Firmenschild an der Tür ganz wichtig. Haben Sie einen Raum Ihrer Mietwohnung zum Büro umfunktioniert, müssen Sie allerdings Ihren Vermieter fragen, ob Sie ein entsprechendes Schild anbringen dürfen.

Werbung ist – vor allem bei Freiberuflern – auch der Briefwechsel, den Sie mit Ihren Kunden führen: Auch wenn Sie nur wenig Geschäftsbriefe zu schreiben haben, sollten Sie Briefpapier drucken lassen und eine Schreibmaschine – mit gutem Schriftbild! – kaufen. Vielleicht auch noch einen Schnellkursus in Maschinenschreiben absolvieren.

Bei der „richtigen" Werbung haben Sie verschiedene Möglichkeiten. Am bekanntesten und einfachsten zu bewerkstelligen sind Zeitungsanzeigen. Sie haben vor allem den Vorteil, daß man sie – in Tageszeitungen und Anzeigenblättern etwa – sehr kurzfristig buchen kann. Stellen

Sie am Monatsende fest, daß Ihr Umsatz nicht gerade berauschend war, ordern Sie eine Anzeige. Wie teuer das ist, richtet sich unter anderem nach der Auflagenhöhe der Zeitung. Je mehr Exemplare davon verkauft werden, desto teurer ist eine Anzeige. Wenn viele Leute Ihre Anzeige lesen, heißt das aber noch nicht, daß auch viele zu Ihnen kommen werden. Wer „nichts Besonderes" anzubieten hat (nehmen wir mal an: ein ganz normales Schreibbüro oder ein Zeitschriftenhändler), kann kaum erwarten, daß Kunden 20 km weit zu ihm hinfahren. Für solche Firmen lohnt es sich einfach nicht, in der Gesamtausgabe einer Tageszeitung zu werben. Sie sind viel besser bedient, wenn sie sich auf die Regionalausgabe beschränken. Oder sich gleich an die sogenannten Anzeigenblätter wenden, die in bestimmten Gebieten kostenlos an alle Haushalte verteilt werden. Natürlich zuerst an jenes, das man im eigenen Firmenbriefkasten vorfindet, das also in der unmittelbaren Geschäftsumgebung verteilt wird.

Natürlich kommt es bei Anzeigen auf die Plazierung an. Anzeigen auf der Titelseite fallen mehr auf (und sind deshalb auch teurer) als solche im Mittelteil, unter vielen anderen. Wichtig ist dann die richtige Gestaltung. Wenn Ihre Anzeige unter vielen anderen steht, dann sollte sie sich wenigstens von diesen abheben. Am besten studieren Sie einmal in Ruhe andere Anzeigen, halten fest, welche Ihnen sofort auffallen und warum. Denn es muß nicht immer die Größe sein, die ins Auge springt. Es kann auch an der Art der Gestaltung liegen.

Schließlich ist auch das sogenannte „Umfeld" wichtig und die Zielgruppe des Blattes. Erreicht man gerade durch diese Zeitung auch wirklich die, die man ansprechen will? Eine Jeansboutique zum Beispiel kann auch in Szeneblättern inserieren. Wenn Sie dagegen Computerprogramme entwickeln, sind Sie dort völlig fehl am Platz.

Auf Anzeigen in großen Zeitschriften wollen wir hier

nicht näher eingehen; sie sind für einen Jungunternehmer meist unbezahlbar. Mal ganz davon abgesehen, ob sie für ihn sinnvoll sind. Wenn Sie sich trotzdem dafür interessieren, schreiben Sie an die jeweilige Anzeigenabteilung, und bitten Sie um Zusendung der entsprechenden Unterlagen und Preislisten.

Außer Zeitungsanzeigen gibt es aber noch viele andere Möglichkeiten, an Kunden zu kommen. In Städten beispielsweise, die mit Tourismus zu tun haben, werden Anzeigen in Stadtpläne und Veranstaltungskalender aufgenommen. Vor allem Restaurants, Cafés und ähnliche Betriebe sind damit gut bedient. Wenn Sie eine Werkstatt oder einen anderen Dienstleistungsbetrieb haben, sollten Sie sich ins Branchenfernsprechbuch eintragen lassen.

Handzettel können Sie innerhalb eines bestimmten Gebietes in die Hausbriefkästen werfen oder auch an parkenden Autos befestigen lassen. Dafür müssen Sie keine professionelle Verteileragentur beschäftigen; auch der ältere Sohn Ihrer Nachbarin freut sich über einen kleinen Nebenverdienst. Prospekte drucken zu lassen, möglichst in Farbe und auf Hochglanzpapier, ist nicht billig. Um so wichtiger, daß Sie damit die richtigen Leute erreichen und nicht der größte Teil davon ungelesen im Papierkorb verschwindet. So, wie es immer häufiger mit den Prospektbeilagen in Zeitungen und Zeitschriften passiert: Es sind einfach zu viele geworden. Manche Leute schütteln schon nur noch und werfen, was herausfällt, in den Müll, ohne einen Blick darauf geworfen zu haben. Das passiert auch mit vielen Werbebriefen, die ins Haus flattern: Sie verärgern mit ihrer Flut die Leute eher, statt sie zu Kunden werden zu lassen.

Wenn also schon teure Prospekte, dann informieren Sie sich, ob Sie sie irgendwo auslegen können, zum Beispiel im Verkehrsbüro oder in Hotels (natürlich nur, wenn das für Sie interessante Punkte sind). Es besteht auch die Möglichkeit (die auch schon teilweise genutzt wird), daß sich mehrere kleine Firmen zusammentun und gegenseitig Werbung machen. Etwa ein Geschenkeladen und ein schickes Papierwarengeschäft: Wenn Sie als Ladeninhaberin mit einem Kunden ins Gespräch kommen und merken, daß dieser sich auch noch für andere Dinge interessiert (oder für solche, von denen Sie nur ein ganz begrenztes Angebot haben), drücken Sie ihm eine Visitenkarte oder ein Prospektblatt Ihres „Mitbewerbers" in die Hand.

Was in letzter Zeit wieder zugenommen hat, ist die persönliche Werbung an der Haustür. Der Handwerksmeister, der draußen steht und sagt: „Meinen Sie nicht auch, daß Sie hier unbedingt ein neues Fenster brauchen?" Oder: „Haben Sie schon den Riß in Ihrer Wand gesehen?" Das funktioniert natürlich am besten in Vororten, in denen man damit rechnen kann, daß die Häuser zum größten Teil von den Besitzern bewohnt werden.

Versuchen Sie, sich öfter mal etwas Neues einfallen zu lassen. Auch mit bestimmten Aktivitäten kann man auf sich aufmerksam machen: wenn Sie als Inhaberin eines Weinhauses eine elsässische Weinwoche veranstalten, wenn Sie als Blumenhändlerin im November eine Adventskranzausstellung arrangieren, wenn Sie als Optikerin eine Sammelaktion „Gebrauchte Brillen für einen guten Zweck" starten. Solche Aktionen müssen nicht viel kosten – sie müssen nur zu Ihnen und zu Ihrem Unternehmen passen.

Auch eine Art von Werbung und, wie die Von-Mund-zu-Mund-Propaganda, sicher nicht die schlechteste, ist der persönliche Kontakt zu Leuten. Damit sind jetzt nicht die Freunde und Verwandten gemeint, die Ihre Firma sicher auch mal beehren werden, sondern eher das Engagement in Vereinen und Verbänden. Das ist natürlich nicht jedermanns Sache, kann sich aber positiv auswirken, wenn man dadurch etwa als Restaurantbesitzerin zu regelmäßigen Stammtischen und Versammlungen im eigenen Lokal kommt.

Am schwersten von allen Jungunternehmerinnen haben es diejenigen, die ihr persönliches Können verkaufen müssen, also etwa eine Innenarchitektin, eine Fotografin, eine Journalistin, aber auch eine Friseuse oder Kosmetikerin. In einem Geschäft kann man viele Dinge in die Hand nehmen und sich dann für eines entscheiden. Bei einer Reparatur ruft man einen Handwerker und erwartet, daß er einen bestimmten Fehler findet. Einer Friseuse dagegen ist man relativ hilflos ausgeliefert. Das einzige, was man machen kann: sich vorher andere Frauen anschauen, die dorthin gehen. In solchen Gewerben nutzen Anzeigen und Handzettel nur, um gelegentlich mal zu signalisieren „Mich gibt's auch noch". Im übrigen sind Sie in solchen Berufen auf Empfehlungen angewiesen. Und natürlich auf Ihr persönliches Können. Und nicht zuletzt darauf, herauszubekommen, was Ihr Kunde oder Ihre Kundin überhaupt will, was er/sie sich vorstellt.

Während Sie aber als Friseuse, als Schneiderin die Kunden durch Anzeigen und ähnliche Werbung wenigstens noch anlocken können, funktioniert das bei einer freien Fotografin, einer freien Journalistin kaum mehr. Hier müssen Sie sich wirklich ganz persönlich verkaufen, den Telefonhörer abheben und jemanden anrufen. Und daß so etwas sogar einem selbstbewußten, von seinem Können überzeugten Menschen schwerfallen kann – das weiß die Autorin aus Erfahrung. Deshalb hier ein paar Praxistips, die auch noch für einige andere Berufe ganz hilfreich sind: Holen Sie sich vorher Informationen ein, was die „Gegenseite" überhaupt macht, ob Sie mit Ihrem Angebot, Ihrem Können dort in Frage kommen, wer dort Ansprechpartner ist. Und: Rufen Sie nie an und fragen: „Hätten Sie nicht was zu tun für mich?" Viel besser ist ein Einstieg folgender Art: „Ich hätte da eine ausgezeichnete Idee, die vielleicht in Ihr Konzept paßt" – vorausgesetzt natürlich, Sie haben wirklich eine.

Zum Schluß noch ein Punkt zum Thema „Werbung",

der vor allem fürs Dienstleistungsgewerbe wichtig ist – und von vielen Jungunternehmerinnen sträflich vernachlässigt wird: die Werbegeschenke oder besser, die kleinen Geschenke, die die Freundschaft erhalten. Damit sind jetzt nicht nur Taschenkalender oder ähnliches gemeint, was man zum Jahreswechsel mit eingedrucktem Namen verschickt. Sondern: der Blumenstrauß zum Frühlingsanfang für Ihren besten Kunden, die Flasche Wein zum Geburtstag für jemanden, der Ihnen schon manchen Auftrag vermittelt hat. Nicht als Bestechung, sondern als Dankeschön für die gute Zusammenarbeit. (Übrigens: Auch Werbegeschenke können Sie bei der Steuer geltend machen – wenn sie nicht teurer als 50 Mark sind.)

Das tägliche Geschäftsleben

Vom ersten Tag Ihres Geschäftslebens an sollten Sie ganz genau beobachten, was Ihre Kunden wollen. Das läßt sich am besten am Beispiel eines Ladengeschäftes erklären, aber auf die meisten anderen selbständigen Bereiche übertragen.

Was wollen oder kaufen die Kunden? Um das ganz genau festzustellen, sollten Sie eventuell Strichlisten führen, auf der Sie jeweils Hersteller und Preis des verkauften Stückes vermerken. Stellen Sie nach kurzer Zeit fest, daß die Ware des einen Herstellers besonders gut läuft, ordern Sie bei der nächsten Bestellung dort etwas mehr, bei einem anderen, dessen Sachen wie Blei in den Regalen liegen, etwas weniger. Merken Sie, daß plötzlich nicht mehr die teuren, sondern eher die preiswerteren Sachen gut gehen, weil sich vielleicht die Wirtschaftslage geändert hat, sollten Sie Ihr Angebot der Nachfrage anpassen. Sie müssen also Marktverschiebungen rechtzeitig erkennen.

Die richtigen Bestellmengen zu finden, ist ein Problem für jede (oder fast jede) Jungunternehmerin. Die meisten kaufen am Anfang viel zuviel ein und müssen die Sachen dann zu Ausverkaufspreisen verschleudern, um sie überhaupt loszuwerden. Besser etwas weniger, und bei großer Nachfrage noch mal nachbestellen. Oder Sie bieten Ihren Kunden als eine Art Extra-Service an, daß Sie ihnen auf Wunsch jedes gewünschte Stück nach Katalog bestellen. Das ist zum Beispiel bei Buchhandlungen, die wirklich nicht jedes Buch auf Lager haben können, völlig normal, läßt sich aber auch auf viele andere Geschäftsbereiche übertragen.

Versuchen Sie, sich einen festen Kundenstamm aufzubauen. Verlassen Sie sich aber nie, vor allem als Dienstleistungsunternehmen, auf nur zwei oder drei große Kunden. Wenn die Ihnen verlorengehen oder wenn es denen selbst schlechtgeht, stehen Sie dumm da.

Machen Sie nie Terminzusagen, von denen es von vornherein fraglich ist, ob Sie sie einhalten können. Sie verärgern nur Ihre Kunden. Nennen Sie lieber einen etwas späteren Termin – und rufen Sie eventuell an, wenn's dann doch schneller ging.

Nicht ganz einfach ist es, Preise zu kalkulieren. Bei zu hohen Preisen bei üblicher Leistung haben Sie zwar einmal gut verdient, der zweite oder dritte Auftrag oder Einkauf desselben Kunden aber erfolgt garantiert bei der Konkurrenz. Zu niedrige Preise dagegen, um Ihre Konkurrenz aus dem Felde zu schlagen, halten Sie als Einsteigerin kaum lange durch. Haben Sie sich für einen Preis entschieden, von dem Sie überzeugt sind, daß er für Ihr Produkt/Ihre Leistung der richtige ist, dann sollten Sie auch nicht mehr groß mit sich handeln lassen. In manchen Branchen ist das Handeln zwar mehr oder weniger üblich, kleine Spannen müssen auch mal in der Kalkulation enthalten sein – zu sehr den Preis senken dürfen Sie aber nicht. Nicht nur, weil Sie mit Ihren eigenen Kosten nicht mehr klarkommen, sondern vor allem, weil Sie beim Gegenüber den Eindruck erwecken, daß Ihre erste Forderung völlig überhöht war. Versuchen Sie statt dessen, Ihren Preis zu begründen, zählen Sie den Leistungsumfang auf: nicht nur das Produkt, sondern auch freie Lieferung, Verpackung, Service, Rücknahmegarantie bei Nichtgefallen und was es sonst noch gibt. Versuchen Sie, wenn es möglich ist, dem Kunden Wahlmöglichkeiten zu verschiedenen Preisen zu bieten. So daß er nur noch Ihre Angebote miteinander vergleicht, aber nicht mehr Ihre Angebote mit denen der Konkurrenz.

Nehmen Sie Ihre Kunden ernst. Versuchen Sie nicht, ihnen etwas zu verkaufen, was sie gar nicht haben wollen, was sie nicht gebrauchen können oder, zum Beispiel bei Kleidung, was ihnen gar nicht steht. Setzen Sie Ihre Kunden auch nie unter Kaufdruck, indem Sie dauernd fragen, ob Sie helfen können. Aber seien Sie in der Nähe, wenn jemand wirklich Hilfe braucht.

Bei kleinen, neuen Geschäften ist oft die Schwellenangst groß. Die können Sie dadurch überwinden helfen, indem Sie im Sommer ein paar Sachen nach draußen stellen. Oder wenigstens die Tür weit geöffnet haben.

Wenn Leute bei Ihnen warten müssen, bis sie an der Reihe sind – zum Beispiel im Frisiersalon –, dann verkürzen Sie ihnen die Wartezeit mit einem Kaffee. Und wenn beispielsweise Ihnen als Floristin eine Kundin erzählt, daß ihre Palme kränkelt, bieten Sie ihr doch einfach an, die Pflanze beim nächsten Einkauf mal mitzubringen.

Das tägliche Geschäftsleben ist einer der wenigen Punkte, in denen Frauen, vor allem im Einzelhandel, Männern gegenüber im Vorteil sind. Die meisten Frauen können besser mit Kunden umgehen als Männer und sind daher auch bei den Kunden sehr beliebt.

Schließlich sind für Ihr tägliches Geschäftsleben noch zwei Punkte wichtig. Der erste: Gewöhnen Sie sich Ordnung an. Legen Sie sich irgendeine Art von Ablagesystem zu, aber eines, das auch eine Mitarbeiterin oder Ihr Mann/ Freund begreift. So daß auch ein anderer Lieferscheine, Rechnungen und ähnliche Dinge findet, wenn Sie einmal unvermutet ausfallen sollten. Der zweite Punkt: Wenn Ihre Büroräume gelegentlich verwaist sind, weil Sie Termine außerhalb haben, brauchen Sie unbedingt einen Anrufbeantworter. So daß man zumindest eine Nachricht für Sie hinterlassen kann.

Stillstand ist Rückschritt

Große Firmen bieten ihren Angestellten heutzutage umfangreiche Weiterbildungsprogramme an. Noch viel wichtiger ist dieser Punkt, wenn Sie selbständig sind. Wer glaubt, daß er seine Kenntnisse am Tag der Existenzgründung einfrieren kann und damit ein Geschäftsleben lang auskommt, irrt. Nur Fortbildung hält Sie auf Dauer konkurrenzfähig.

Zunächst einmal heißt das: regelmäßig die Fachzeitschriften der Branche lesen, sich auf Messen und Geschäftsreisen über Neuigkeiten informieren. Das heißt aber auch: gelegentlich ruhig noch einmal die Schulbank drücken, Informationsveranstaltungen und Seminare besuchen. Solche Kurse werden zu den verschiedensten Themen angeboten. Das reicht vom Umgang mit den Mitarbeitern bis hin zu den neuesten Entwicklungen in Technik und Forschung. Veranstalter sind zum Beispiel Kammern und Berufsverbände, das Rationalisierungskuratorium der Wirtschaft, die Vereinigung von Unternehmerinnen und ähnliche Institutionen. Manche Veranstaltungen sind für Vereinsmitglieder kostenlos, andere haben einen stolzen Preis. Einen Teil davon können Sie sich vom Finanzamt zurückerstatten lassen: Weiterbildungskosten sind abzugsfähig.

Was die Auswertung und die Umsetzung des in solchen Veranstaltungen Gelernten angeht, haben Kleinunternehmerinnen gegenüber großen Firmen einen riesigen

Vorteil: Sie sind viel beweglicher, können neue Methoden ausprobieren, sich leichter verändern, ihre Firma der Marktsituation anpassen.

Über Mitarbeiter

Nur wenig Existenzgründerinnen übernehmen eine Firma mit vielen Angestellten, die meisten fangen erst einmal allein an, arbeiten fünfzig, sechzig Stunden in der Woche. Und stellen dann irgendwann fest, daß sie die Arbeit trotzdem nicht schaffen. Oder daß sie mit bestimmten Arbeitsbereichen einfach nicht zurechtkommen. Oder daß sie häufig unterwegs sind und deshalb eine Vertretung brauchen. Also muß die Firma ausgebaut, eine Mitarbeiterin oder ein Mitarbeiter eingestellt werden.

Vorher allerdings wäre die Frage zu klären, ob mit der Einstellung voraussichtlich auch der Umsatz steigt. Denn in den meisten Fällen muß er steigen, damit Sie die hohen Kosten wieder auffangen können – es sei denn, Sie verdienen sowieso schon mehr, als Sie brauchen, und wollen nur Ihre persönliche Arbeitszeit verkürzen.

Personalgespräche sind vielen jungen Unternehmerinnen unangenehm. Die Rolle der Chefin behagt ihnen gar nicht. Der – scheinbare – Ausweg: Sie fragen Freundinnen oder Verwandte, ob sie einspringen wollen.

Auf Freundinnen oder Verwandte zurückzugreifen, dagegen ist im Prinzip nichts einzuwenden. Vorausgesetzt, Ihre Freundin oder Schwester ist genau die Frau, die Sie suchen. Stellt sich jedoch nach einiger Zeit heraus, daß Sympathie oder Verwandtschaft allein wohl doch nicht ausreichen, ist es immer schwer, sich im guten wieder zu trennen.

Überlegen Sie sich deshalb zunächst einmal, welche Arbeiten Ihre künftige Mitarbeiterin erledigen soll.

Dann: Welche Anforderungen sie erfüllen, welche Kenntnisse sie für diese Arbeiten besitzen muß. Und schließlich: Wie lange sie wöchentlich arbeiten soll, ob vielleicht auch eine Teilzeitkraft reicht. Erst wenn Ihnen diese drei großen A klar sind – Aufgabe, Anforderung, Arbeitszeit –, sollten Sie sich in der Bekanntschaft umhören, das Arbeitsamt anrufen oder eine Annonce aufgeben.

Wer ein bißchen Angst vor den ersten Bewerbungsgesprächen hat (und einfach ist dieser Rollenwechsel wirklich nicht), läßt sich am besten erst einmal schriftliche Bewerbungen schicken, mit den üblichen Unterlagen wie Zeugnisse, Lebenslauf, Foto und so weiter. Allerdings sollten Sie Zeugnisse nicht überbewerten – manchmal werden schlechte Leute weggelobt und gute ein bißchen schlechter gemacht, weil sie vielleicht irgendwo ins Fettnäpfchen getreten sind. Eine allererste Auswahl aber können Sie schon treffen – nach dem äußeren Eindruck, der Bewerbung, aber auch nach dem beiliegenden Brief. Bewerberinnen oder Bewerbern, die Ihnen völlig ungeeignet erscheinen, sollten Sie die Unterlagen möglichst umgehend zurückschicken.

Die restlichen müssen Sie wohl oder übel zu einem persönlichen Gespräch einladen. Denken Sie daran: Die „Gegenseite" ist noch viel nervöser als Sie. Erklären Sie in dem Gespräch noch einmal genau, warum Sie jemanden suchen und wofür. Reden Sie über die Arbeitszeit und natürlich auch über die Gehaltsvorstellungen. Und suchen Sie sich letztendlich die Bewerberin (oder den Bewerber) aus, die (der) alle Ihre Anforderungen erfüllt, Ihnen aber außerdem sympathisch ist.

Den Arbeitsvertrag sollten Sie immer schriftlich machen. Achten Sie darauf, daß folgende Punkte darin enthalten sind: eine genaue Beschreibung der Arbeitsstelle, das vereinbarte Gehalt, eventuelle Nebenzahlungen oder andere zusätzliche Leistungen, die exakten Arbeits- und Urlaubszeiten und natürlich die Kündigungsfristen.

Vielleicht kennen Sie die ortsüblichen Zahlungen und Leistungen noch aus Ihrer Angestelltenzeit. Wenn nicht – oder wenn Sie sich in einer anderen Branche selbständig gemacht haben –, können Sie sich beim Arbeitsamt erkundigen. Für die meisten Berufe gibt es auch Tarifverträge, in denen zumindest die Mindestleistungen und -forderungen aufgelistet sind. Als gesetzlicher Mindesturlaub sind zur Zeit nicht mehr als 18 Werktage vorgeschrieben. Wobei der Samstag als Urlaubstag mitzählt. Erlaubt sind sechs Tage Arbeit in der Woche und acht Stunden täglich. Aber wohlgemerkt: Das sind die Mindestregelungen. Eingebürgert haben sich kürzere Arbeits- und längere Urlaubszeiten. Und Gehälter, die über Tarif liegen.

Beim Gehalt sind junge Unternehmer oft recht großzügig – schließlich sollen ihre Angestellten es besser haben als sie selbst früher. Dagegen spricht nichts, wenn Sie sich hohe, übertarifliche Gehälter leisten können. Denken Sie aber daran, daß Sie nicht nur das Gehalt zahlen müssen, sondern auch die anfallenden Nebenkosten, also die Hälfte der Kranken-, Renten- und Arbeitslosenversicherung, die Unfallversicherung, eventuell Weihnachts- und Urlaubsgeld.

Auch wenn eine Mitarbeiterin krank wird, hat sie sechs Wochen lang Anspruch auf Lohnfortzahlung. Während der Schwangerschaftsschutzfristen beteiligen sich zwar die Krankenkassen an den Zahlungen, trotzdem bleibt noch ein erklecklicher Batzen für Sie übrig.

Wollen Sie Lehrlinge ausbilden, müssen Sie als Handwerksfrau den Meisterbrief besitzen. In anderen Gewerben reicht es, wenn Sie eine fachliche Eignung nachweisen, das heißt entweder eine entsprechende Ausbildung haben oder mehrere Jahre lang die notwendigen Kenntnisse erworben haben. Exakte Informationen über die Vorschriften bekommen Sie bei den zuständigen Kammern, Innungen, Arbeitgeberverbänden und Arbeitsämtern.

Im Arbeitsvertrag wird meist eine Probezeit vereinbart. In der Regel sind das drei Monate, eine Probezeit, die länger dauert als sechs Monate, ist nicht zulässig. In dieser Zeit können beide Parteien, wenn ihnen etwas nicht gefällt, ohne Angabe von Gründen kündigen. Danach dürfen Sie als Arbeitgeber nur noch dann kündigen, wenn Sie eine stichhaltige Begründung haben. Und müssen natürlich die Kündigungsfristen einhalten.

Am ersten Arbeitstag brauchen Sie von Ihrer neuen Mitarbeiterin verschiedene Unterlagen und Informationen: die Lohnsteuerkarte, das Versicherungsheft der BfA oder LVA, die Angabe der Krankenkasse und der Mitgliedsnummer und eine Bankverbindung für die Gehalts- beziehungsweise Lohnzahlungen. Sie müssen das Arbeitsamt informieren, daß Sie eine Mitarbeiterin haben; Sie müssen die Krankenkasse Ihrer Mitarbeiterin informieren. Die Kasse leitet dann die Anmeldung an die zuständige Rentenversicherung weiter. Und dann müssen Sie natürlich in Zukunft nicht nur das Gehalt zahlen, sondern auch regelmäßig und pünktlich die Lohnsteuer und die Versicherungsbeiträge für die Angestellte weiterleiten.

Wer zur Zeit noch keine volle Arbeitskraft bezahlen kann, trotzdem aber wenigstens teilweise eine Hilfe braucht, kann zwischen einer Teilzeitkraft und einer Aushilfe wählen. Teilzeitkräfte arbeiten regelmäßig, aber nur eine bestimmte Anzahl von Stunden in der Woche. Liegt die Arbeitszeit unter 15 Wochenstunden und verdienen diese nicht mehr als 410 Mark im Monat, brauchen Sie keine Sozialversicherungen zu bezahlen. Aushilfen kann man zu Stoßzeiten für einen begrenzten Zeitraum einstellen. Auch hier gilt die Sozialversicherungsfreiheit, wenn die Beschäftigungsdauer innerhalb eines Jahres eine bestimmte Zeit nicht überschreitet. Fragen Sie beim Arbeitsamt nach.

Wer schließlich noch nicht so genau weiß, ob er nun

wirklich eine(n) Angestellte(n) braucht – oder ob die Firma sich so weiter entwickelt, für den hat sich die Bundesregierung 1985 im Rahmen des Beschäftigungsförderungsgesetzes die Zeitarbeitsverträge einfallen lassen. Das ist positiv für Arbeitgeber, weniger positiv für den Arbeitnehmer. Danach können Unternehmer mit nicht mehr als zwanzig Arbeitnehmern neue Arbeitnehmer für eine befristete Zeit einstellen (bis zu zwei Jahre). Danach endet das Arbeitsverhältnis automatisch – es sei denn, Sie wandeln es in ein ganz normales, unbefristetes um.

Achten Sie darauf, daß Sie Ihre neue Mitarbeiterin richtig einarbeiten. Erklären Sie ihr nicht nur ihren eigenen Arbeitsbereich, sondern geben Sie ihr zumindest einen allgemeinen Überblick über die ganze Firma und die anderen Arbeitsabläufe. Haben Sie schon mehrere Mitarbeiter, dann setzen Sie sich am besten mit allen zusammen und besprechen die Arbeitsverteilung. Trennen Sie die einzelnen Arbeitsbereiche möglichst klar voneinander. Und versuchen Sie, jeden entsprechend seiner Fähigkeiten dort einzusetzen, wo er/sie ideal am Platze ist. Achten Sie auch darauf, daß (wenn das Gehalt in etwa gleich ist) die Arbeitsbelastung gleich hoch ist. Und wenn es doch mal unzufriedene Mienen gibt, dann sollten Sie offen über die Probleme sprechen. Wobei hier und immer der Grundsatz gilt: Loben dürfen Sie gern öffentlich, tadeln sollten Sie immer nur unter vier Augen.

Schließlich sollten Sie, die Sie nun plötzlich Chefin sind, versuchen, alles das besser zu machen, worüber Sie sich selbst früher als Angestellte geärgert haben. Versuchen Sie vor allem, Ihren Mitarbeitern mehr als nur ein ordentliches Gehalt zu bieten: zum Beispiel selbständiges Arbeiten, Mitverantwortung, Entscheidungsfreiheit. Schaffen Sie ruhig einen Teil der hierarchischen Strukturen ab.

Denken Sie aber daran, daß letztendlich doch einer

die Entscheidungen treffen und vor allem die gesamte Verantwortung tragen muß. Und das sind ganz allein Sie.

Wenn die Pleite droht

Um immer einen Überblick über Ihre tatsächliche Lage zu haben, sollten Sie mindestens im ersten Jahr Ihrer Selbständigkeit die Geschäftserwartungen, die Sie bei der Finanzierung des Unternehmens aufgestellt haben, monatlich mit dem tatsächlichen Verlauf vergleichen. Erwarten Sie nicht, daß beides übereinstimmt. Abweichungen nach unten sind, vor allem in der Anfangszeit, ziemlich normal.

Verfallen Sie, wenn Sie sich in den roten Zahlen befinden, nicht gleich in Panik. So wie es einer meiner Gesprächspartnerinnen passierte. Als sie Angst hatte, die nächste Miete nicht mehr bezahlen zu können, dachte sie nur noch daran, irgendwoher Geld zu bekommen. Und verkaufte einen Teil ihres Lagerbestandes zu Schleuderpreisen an die Konkurrenz – die hocherfreut war. Der Erfolg: Sie war zwar für den Augenblick wieder liquide, der nächsten Mietzahlung stand nichts im Wege – das tatsächliche Loch in ihrer Kasse aber war viel größer geworden. Zeigt aber Ihre Buchführung mehrere Monate lang an, daß Ihr Geld immer knapper wird, müssen Sie etwas tun.

Vielleicht wissen Sie ziemlich genau, woher das Minus kommt. Zum Beispiel, weil einer oder sogar mehrere Ihrer Kunden nicht zahlen. Dann versuchen Sie jetzt, diese Schulden mit Gewalt einzutreiben. Lassen Sie sich von einem Rechtsanwalt über das richtige Vorgehen beraten. Und versuchen Sie zu vermeiden, daß so etwas in Zukunft noch einmal vorkommt. Einmal, indem Sie sich nicht auf wenige Kunden verlassen. Zum andern, indem Sie schon bei den ersten Anzeichen, als da sind verspätete Zahlungen, vorgeschobene Mängelrügen, vorsichtig werden und Mahnungen schicken. Und sich dann vor allem rechtzeitig nach zusätzlichen Kunden umsehen.

Manchmal hat an einem finanziellen Engpaß das Finanzamt schuld, durch plötzliche Nachzahlungsaufforderungen. Sprechen Sie dann mit Ihrem Steuerberater, oder rufen Sie selbst das Finanzamt an. Vielleicht können Sie Stundungen oder Ratenzahlungen vereinbaren.

Wenn plötzlich und unerwartet eine teure Maschine ihren Geist aufgibt, dann sollten Sie überprüfen, ob Sie für einen zusätzlichen Kredit noch Sicherheiten anzubieten haben oder ob jemand aus Ihrer Familie Geld zuschießen oder zumindest als Bürge auftreten kann. Sprechen Sie rechtzeitig mit Ihrer Bank, nicht erst, wenn Sie keinen Ausweg mehr wissen.

Grundsätzlich aber nutzt es nichts, nur Löcher mit zusätzlich beschafftem Geld zu stopfen. Sie müssen überlegen, wo in Ihrem Konzept, in Ihrer täglichen Arbeit der (teure) Fehler liegt. Wenn Sie ihn nicht finden, können Sie eine Talfahrt zwar erst mal stoppen, auf Dauer aber nicht aufhalten.

Da es für eine frischgebackene Unternehmerin nicht ganz einfach ist, Schwachstellen sofort zu erkennen (wenn es einfach wäre, wären sie Ihnen schließlich schon vor der Gründung aufgefallen), können Sie sich fachkundige Hilfe ins Haus holen. Diese Experten nennen sich Existenzaufbauberater oder auch Sanierungsberater. Im Prinzip sind das dieselben Leute, die auch bei der Gründung selbst beraten (siehe „Beratung" ab Seite 59). Und genau wie dort gilt auch hier: Nie jemanden aufgrund einer Zeitungsanzeige engagieren, sondern immer nur auf Empfehlung. Berater, die sich in Ihrer Branche auskennen, nennen Ihnen unter anderem die Kammern und Verbände. Und genau wie bei der Existenzgründung gibt es auch für den Aufbau der Existenz Beratungszuschüsse. Sie betragen 60% der Kosten, maximal 3000 Mark. Pro Gründer werden insgesamt 7500 Mark Aufbauberatungskosten bezahlt. Aber nur, wenn solche Beratungen innerhalb der ersten zwei Jahre stattfinden.

Manchmal kommt es leider vor, daß ein Berater zwar den Fehler findet, aber keine Möglichkeit sieht, ihn zu beheben. Vielleicht, weil schon beim Grundkonzept etwas nicht stimmte, für Ihre Idee kein Markt da ist oder der Standort völlig falsch ist. Dann sollten Sie rechtzeitig aufgeben, ehe Ihnen die Schulden über den Kopf wachsen. Bei einer Gesellschaft, einer GmbH, einer OHG, einer KG machen sich die Gesellschafter sogar strafbar, wenn sie einen Konkursantrag schuldhaft verzögern, wie es der Gesetzgeber ausdrückt.

Strafbar machen Sie sich übrigens auch, wenn Sie in Kenntnis einer drohenden Pleite Teile Ihres Vermögens (das ja vielleicht privat noch irgendwo vorhanden ist) beiseite schaffen oder auch nur verheimlichen. Und strafbar machen Sie sich auch, wenn Sie Ihre Buchhaltung frisieren oder bestimmte Gläubiger, vielleicht weil es nahe Verwandte sind, begünstigen.

Über eines müssen Sie sich klar sein: Nach einer Pleite sind Sie Sozialempfängerin. Arbeitslosengeld bekommen Sie nur unter ganz bestimmten Voraussetzungen: wenn Sie vor Beginn Ihrer Selbständigkeit ebenfalls arbeitslos und nicht länger als zwei Jahre selbständig waren.

Haben Sie einen gutbezahlten Job aufgegeben, sind übergangslos selbständig geworden und stehen nun vor den Trümmern Ihrer Existenz, können Sie sich den Weg zum Arbeitsamt (zumindest was Arbeitslosengeld angeht) sparen. Auch wenn Sie früher treu und brav jahrelang Ihre Arbeitslosenversicherung bezahlt haben.

Führt an der Auflösung Ihrer Firma kein Weg mehr vorbei, sollten Sie sich als erstes den Mietvertrag anschauen. Läuft er noch über längere Zeit, reden Sie mit den Vermietern, ob Sie vorzeitig kündigen können oder einen Nachmieter suchen müssen.

Wenn Sie Angestellte haben, sollten Sie ihnen möglichst bald reinen Wein einschenken – selbst wenn Ihre Firma noch eine gewisse Zeit weiterläuft. Dann können sie sich rechtzeitig um eine neue Stellung bemühen. Arbeitsrechtlich gesehen sind Sie an die gesetzlichen Kündigungsfristen gebunden.

Stellt sich bei Ihrem Geschäft die Frage, wohin mit der Ware? Versuchen Sie zunächst, alle Bestellungen, die noch nicht ausgeliefert wurden, zu stornieren. Vielleicht sind auch einige Lieferanten bereit, einen Teil der Ware wieder zurückzunehmen. Sonst müssen Sie einen Ausverkauf wegen Geschäftsaufgabe veranstalten. So ein Ausverkauf muß einige Wochen vorher bei der Industrie- und Handelskammer angemeldet werden, zusammen mit einer genauen Liste der Waren, die Sie verkaufen wollen. Dann können Sie eine vorgeschriebene Zeit lang versuchen, die Ware zu besonders niedrigen Preisen an Ihre bisherigen Kunden zu verkaufen. Ist diese Zeit verstrichen, können Sie nur noch versuchen, immer noch vorhandene Ware ganz billig an andere Geschäftsleute loszuwerden.

Wenn Sie Ihre Firma nicht aus finanziellen, sondern aus privaten Gründen aufgeben müssen, dann sollten Sie versuchen, sie komplett zu verkaufen, mit allem, was dazugehört, entweder über eine Anzeige oder über die zuständige Kammer.

Checkliste 8: Wissen Sie alles über das tägliche Geschäftsleben?

Nach der Gründung Ihrer Existenz wird das Leben nicht einfacher. Im Gegenteil. Um so wichtiger, daß Sie für alle Fälle gewappnet sind.

- Ist Ihr Produkt/Ihre Leistung wirklich so begehrt, wie Sie zuerst gedacht haben?
- Wenn nicht, können Sie Ihr Programm erweitern oder ändern?
- Betreiben Sie Werbung?
- Erreichen Sie mit dieser Werbung auch die richtigen Kunden?
- Können Sie Verbesserungen beim Service vornehmen?
- Haben Sie bei Ihrer Preiskalkulation auch an die Nebenkosten gedacht?
- Besitzen Sie einen einprägsamen Firmennamen und/oder -schriftzug?
- Sind möglichst viele Leute von der Eröffnung Ihres Geschäftes informiert?
- Haben Sie die örtliche Presse eingeladen?
- Nutzen Sie beim Einkauf Rabatte und Skonti?
- Können Sie eventuell zusammen mit anderen Kleinbetrieben billiger einkaufen?
- Sind Sie nicht zu abhängig von einzelnen Kunden?
- Bereiten Sie sich auf Kundenbesuche und -gespräche gründlich vor?
- Haben Sie jemanden, der im Notfall für Sie einspringen kann?
- Sind Ihre Unterlagen so geordnet, daß dieser Jemand sich auch darin zurechtfindet?
- Bekommen Ihre Mitarbeiter alle notwendigen Informationen?
- Besitzen Ihre Mitarbeiter Mitverantwortung und Entscheidungsfreiheit?

9

Starthelfer

Adressen und Lektüre für Existenzgründerinnen

Wichtige Adressen

Eine ganze Reihe von Institutionen gibt es, die Ihnen bei Ihrer geplanten Existenzgründung mit Rat und Hilfe zur Seite stehen – oft sogar kostenlos. Was Ihnen im einzelnen geboten wird, ist unterschiedlich. Es kann sich um allgemeine Informationen, Broschüren und Fachliteratur handeln, um die Vermittlung von Experten, Finanzierungshilfen und ähnliche Dinge. Rufen Sie einfach an, und fragen Sie, was man für Sie tun kann. Aber: Planen Sie etwas Zeit ein. Für intensive, detaillierte Beratungsgespräche gibt es bei vielen Ansprechpartnern Wartelisten. (Eine Garantie auf Vollständigkeit dieser Adressenliste können wir leider nicht übernehmen.)

Kammern

Die Industrie- und Handelskammer, beziehungsweise die Handwerkskammer, sollte immer Ihr erster Ansprechpartner sein. Sie gibt es in jeder Stadt. Adresse und Telefonnummer finden Sie im örtlichen Telefonbuch.

Bei verschiedenen Handelskammern geben Ihnen „Wirtschaftsjunioren" Ratschläge aus der Praxis.

Gründungsberater

Die folgenden Zentralstellen nennen Ihnen fachkundige Existenzgründungsberater in Ihrer Nähe:

Bundesverband Deutscher Unternehmensberater BDU e. V., Friedrich-Wilhelm-Straße 2, 5300 Bonn 1, Tel. 0228/238055

Bundesverband der Wirtschaftsberater, Theodor-Hanloser-Straße 7, 7700 Singen-Honentwiel, Tel. 07731/47644

Vereinigung Beratender Betriebs- und Volkswirte e. V., Auf dem Baggersand 17, 2400 Lübeck-Travemünde, Tel. 04502/6650

BUS – Betreuungsverband für Unternehmer und Selbständige e.V., Hildegardstr. 2, 8000 München 22, Tel. 089/223396

Aktion Rentner helfen jungen Unternehmern e.V., Constantinstr. 70, 3000 Hannover, Tel. 0511/691462

Leitstellen für die Beantragung öffentlicher Beratungshilfen

Hier können Sie Zuschüsse beantragen für Existenzgründungs- und Existenzaufbau-Beratungen.

Handwerk:

Zentralverband des Deutschen Handwerks, Johanniterstr. 1, 5300 Bonn 1, Tel. 0228/545-1

Industrie:

Bundesverband der Deutschen Industrie e.V., Gustav-Heinemann-Ufer 84-88, 5000 Köln 51, Tel. 0221/370800

Deutscher Industrie- und Handelstag (DIHT), Adenauerallee 148, 5300 Bonn 1, Tel. 0228/1040

Bundesverband der Selbständigen e.V. – Deutscher Gewerbeverband – (BDS), Coburger Straße 1a, 5300 Bonn 1, Tel. 0228/232026-28

Groß- und Außenhandel:

BBG – Bundesbetriebsberatungsstelle für den Deutschen Groß- und Außenhandel GmbH, Kaiser-Friedrich-Str. 13, Postfach 1228, 5300 Bonn 1, Tel. 0228/213958

Einzelhandel:

Leitstelle für die Gewerbeförderungsmittel des Bundes im Einzelhandel, Sachsenring 89, 5000 Köln 1, Tel. 0221/328210

Handelsvertreter, Handelsmakler:

Unternehmensberatung für die Wirtschaft GmbH (UbW), Landgrafenstr. 16, 1000 Berlin 30, Tel. 030/2611826

Verkehr:

Zentralarbeitsgemeinschaft des Straßenverkehrsgewerbes (ZAV), Breitenbachstr. 1, 6000 Frankfurt a.M. 93, Tel. 069/775719

Gastgewerbe:
Interhoga, Kronprinzenstr. 46, Postfach 200210, 5300 Bonn 2, Tel. 0228/820080

Reisebürogewerbe:
Deutscher Reisebüroverband e.V., Mannheimer Str. 15, 6000 Frankfurt a.M. 1, Tel. 069/230174

Sonstige Dienstleistungsgewerbe:
DIHT und BDS (siehe unter Industrie)

Rationalisierungskuratorium der Deutschen Wirtschaft

Hier bekommen Sie vor allem Marktinformationen und Branchendaten.

RKW-Zentrale, Düsseldorfer Straße 40, Postfach 5867, 6236 Eschborn, Tel. 06196/495-1

RKW-Zweigstellen gibt es außerdem in Berlin, Braunschweig, Bremen, Düsseldorf, Hamburg, Hannover, Kiel, Mainz, München, Nürnberg, Saarbrücken und Stuttgart.

Beratungsstellen der Länder

Hier bekommen Sie Informationen über die zur Zeit jeweils gültigen Förderungsprogramme der einzelnen Bundesländer.

Baden-Württemberg:
Ministerium für Wirtschaft, Mittelstand und Verkehr, Theodor-Heuss-Str. 4, 7000 Stuttgart 1, Tel. 0711/1230

Bayern:
Bayerisches Staatsministerium für Wirtschaft und Verkehr, Prinzregentenstr. 28, 8000 München 22, Tel. 089/216201

Berlin:
Wirtschaftsförderung Berlin, Budapester Str. 1, 1000 Berlin 30, Tel. 030/26361

Bremen:
Wirtschaftsförderungsgesellschaft, Rembertiring 2, 2800 Bremen 1, Tel. 0421/368040

Hamburg:
Behörde für Wirtschaft, Verkehr und Landwirtschaft, Alter Steinweg 4, 2000 Hamburg 11, Tel. 040/349121

Hessen:
Hessische Landesentwicklungs- und Treuhandgesellschaft mbH, Abraham-Lincoln-Str. 38-42, 6200 Wiesbaden, Tel. 06121/7741

Niedersachsen:
Ministerium für Wirtschaft und Verkehr, Friedrichswall 1, 3000 Hannover 1, Tel. 0511/1201

Nordrhein-Westfalen:
Gesellschaft für Wirtschaftsförderung, Kavalleriestr. 8-10, 4000 Düsseldorf 1, Tel. 0211/130000

Rheinland-Pfalz:
Gesellschaft für Wirtschaftsförderung, Erthalstr. 1, 6500 Mainz 7, Tel. 06131/632066

Saarland:
Gesellschaft für Wirtschaftsförderung, Bismarckstr. 39-41, 6600 Saarbrücken, Tel. 0681/65463

Schleswig-Holstein:
Wirtschaftsförderungsgesellschaft Schleswig-Holstein, Sophienblatt 60, 2300 Kiel 1, Tel. 0431/63091

Adressen nur für Frauen

Berufsplanung für Frauen, Dorothea Assig, Südwestkorso 65, 1000 Berlin 41, Tel. 030/7923565

Goldrausch, Fürbringerstr. 29, 1000 Berlin 60, Tel. 030/2156628 (nur alternative Projekte in Berlin)

Vereinigung von Unternehmerinnen VvU, Gustav-Heinemann-Ufer 94, 5000 Köln 51, Tel. 0221/375074

Weitere Adressen

Bundesministerium für Wirtschaft, Referat Öffentlichkeitsarbeit, Villemombler Str. 76, 5300 Bonn 1, Tel. 0228/6151

Netzwerk Selbsthilfe e.V. Mehringhof, Gneisenaustr. 2,

1000 Berlin 61, Tel. 030/6913072 (nur alternative Projekte)

Netzwerk-Gruppen gibt es in vielen Städten der Bundesrepublik

Nützliche Lektüre

Neben allgemeinen Informationen zum Thema „Selbständig machen" finden Sie im Buchhandel auch eine ganze Reihe von Spezialbüchern (meist preiswerte Taschenbuchausgaben), zum Beispiel zur Wahl der richtigen Geschäftsform, zum Thema Steuern sparen, mit Geschäftsideen oder alternativen Projekten. Was wir Ihnen hier empfehlen möchten, sind kleine, meist kostenlose Broschüren, die von den verschiedensten Institutionen herausgegeben werden.

Starthilfe – Die entscheidenden Schritte in die berufliche Selbständigkeit. Eine flott gemachte Broschüre mit allen Grund-Informationen zu diesem Thema. Herausgeber: Ministerium für Wirtschaft (siehe Adressenteil).

Weitere kostenlose Broschüren des Bundesministeriums für Wirtschaft: Maßnahmen der Bundesregierung zur Förderung von Existenzgründungen – Fördermaßnahmen des Bundes für den Mittelstand – Erfolgreicher durch Beratung – Das ERP-Programm – Export-Fibel, Wegweiser für kleine und mittlere Unternehmen – Das Handwerk.

Die folgenden Broschüren erhalten Sie in Filialen der entsprechenden Banken und Sparkassen:

Bank für Gemeinwirtschaft: „Sprung in die Selbständigkeit"

Commerzbank: „Existenzgründung – ein Ratgeber für alle, die sich selbständig machen wollen"

Deutsche Bank: „Entscheidungshilfe für Existenzgründer" und „Planen Sie heute für morgen – Zukunftsvorsorge für Selbständige"

Sparkassen und Landesbanken: „Mit Erfolg selbständig – Ratgeber zur Existenzgründung und Existenzsicherung“

Volks- und Raiffeisenbanken: „Selbständig machen – selbständig bleiben“

Die einzige Broschüre speziell für Frauen, die auch frauenspezifische Probleme behandelt, gibt's in Hessen. „Frauen starten in die Selbständigkeit – ein Leitfaden“, herausgegeben von der Hessischen Staatskanzlei, zu bestellen beim Hessendienst, Postfach 3147, Gustav-Freytag-Str. 1, 6200 Wiesbaden.

Verschiedene Handelskammern haben Broschüren zum Thema herausgebracht. Zum Beispiel die Handelskammer Hamburg, Postfach 111419, 2000 Hamburg 1, „Wie mache ich mich selbständig?“; die Hessische Industrie- und Handelskammer, Börsenplatz, 6000 Frankfurt a.M. 1, „Ich mache mich selbständig“.

Vom Deutschen Industrie- und Handelstag, Abteilung Information, Postfach 1446, 5300 Bonn 1, gibt es eine Reihe „Planungshilfe Existenzgründung“ (je ein Heft für den Bereich Einzelhandel, den Bereich Dienstleistung und für Hotel- und Gaststättengewerbe – aber zum Teil vergriffen). Jedes dieser Hefte kostet acht Mark.

Leitstellen für die Gleichstellung der Frau

Die Gleichstellungsstellen (was für ein Wort!) und Frauenreferate der Bundesländer wenden sich zwar vor allem an angestellte Frauen – doch die Zeiten können sich ändern. Rufen Sie deshalb ruhig bei einer der folgenden Frauen an und fragen Sie, ob es auch Informationen, Rat und Hilfe für zukünftige Jungunternehmerinnen gibt.

Baden-Württemberg:

Leitstelle für Frauenfragen im Ministerium für Arbeit, Gesundheit und Familie und Sozialordnung Baden-Württemberg, Dr. Orla-Maria Fels/Christine Kohler, Rotebühlplatz 30, 7000 Stuttgart 1, Tel. 0711/6673-7092/7304

Frauenbeauftragte der Stadt Stuttgart, Dr. Gabriele Steckmeister, Rathaus, 7000 Stuttgart 1, Tel. 0711/216-3338/3578

Stelle zur Gleichberechtigung der Frau, Ursula Knöpfle/Margret Sennekamp, Rempartstr. 4, 7800 Freiburg, Tel. 0761/216-3065

Bayern:

Leitstelle für die Gleichstellung der Frauen im Bayerischen Staatsministerium für Arbeit und Sozialordnung, Christine Marino, Winzerstr. 9, 8000 München 40, Tel. 089/1261-1410/1411/1412

Frauengleichstelle, Regierung von Oberbayern, Regierungsdirektorin Ursula Strobach, Maximilianstr. 39, 8000 München 22, Tel. 089/2176-1

Anlaufstelle für die Gleichstellung der Frauen, Regierung von Unterfranken, Edith Battel, Peterplatz 9, 8700 Würzburg 1, Tel. 0931/380483

Berlin:

Senator für Jugend und Familie, Frauenbeauftragte Carola von Braun, An der Urania 12, 1000 Berlin 30, Tel. 030/2122-2976

Bremen:

Bremische Zentralstelle für die Verwirklichung der Gleichberechtigung der Frau, Ursula Kerstein/Barbara Löhr, Schmidtstr. 9, 2800 Bremen 1, Tel. 0421/4963-133/346/183

Hamburg:

Leitstelle Gleichstellung der Frau, Eva Rühmkorf, Postfach 1055, Hamburg 1, Poststr. 11, 2000 Hamburg 36, Tel. 040/3681-2101

Hessen:

Die Bevollmächtigte der Hessischen Landesregierung für Frauenangelegenheiten, Dr. Vera Rüdiger, Postfach 3160, Luisenplatz 10, 6200 Wiesbaden, Tel. 06121/368-2900 oder 322838

Stadt Kassel, Frauenbeauftragte, Sabine Chelmis/Heidemarie Regus, Rathaus, 3500 Kassel, Tel. 0561/ 787-8019/8028

Stadt Wiesbaden, Frauenbeauftragte, Margot Brunner, Rathaus, 6200 Wiesbaden, Tel. 06121/312448

Stadt Marburg, Der Magistrat, Christiane Ohlenburg, Postfach 530, 3550 Marburg, Tel. 06121/312448

Der Magistrat der Stadt Frankfurt, Beate Läsch-Weber, Alte Mainzer Gasse 4, 6000 Frankfurt a.M., Tel. 069/212-4211

Niedersachsen:

Die Beauftragte für Frauenfragen bei der Niedersächsischen Landesregierung, Antonia Wigbers, Planckstr. 2, 3000 Hannover 1, Tel. 0511/1201

Nordrhein-Westfalen:

Parlamentarische Staatssekretärin für die Gleichstellung von Frau und Mann, Ilse Ridder-Melchers, Jürgensplatz 36-38, 4000 Düsseldorf 1, Tel. 0211/837-1410

Stadt Bielefeld, Gleichstellungsstelle für Frauenfragen, Monika Gotze, Niederwall 25, 4800 Bielefeld, Tel. 0521/512018

Stadtverwaltung Bochum, Gleichstellungsstelle, Birgit Fischer, Postfach 102269, 4630 Bochum, Tel. 0234/621-2008/2009

Stadtverwaltung Essen, Gleichstellungsstelle, Sigrid Jaschinski, Rathenaustr. 2-4, 4300 Essen, Tel. 0201/88-7877/2047

Stadtverwaltung Gelsenkirchen, Frauenbüro, Gaby Schäfer, Hans-Sachs-Haus, 4650 Gelsenkirchen, Tel. 0209/169-2712/2747

Rheinland-Pfalz:

Leitstelle für Frauenfragen Rheinland-Pfalz, Landesfrauenbeauftragte, Dr. Maria Böhmer, Bauhofstr. 4, 6500 Mainz, Tel. 06131/164602

Saarland:

Leitstelle zur Durchsetzung der Gleichberechtigung der Frauen, Dr. Otti Stein, Am Ludwigsplatz 14, Postfach 1010, 6600 Saarbrücken, Tel. 0681/5006-134/135

Schleswig-Holstein:

Kommission für Frauenfragen beim Sozialminister des Landes Schleswig-Holstein, Referentin Frau Bröcking, Brunswiker Str. 16-22, Postfach 1121, 2300 Kiel 1, Tel. 0431/596-5092.

Erfolg im Beruf ist lernbar

Viele Frauen könnten im Beruf erfolgreicher und zufriedener sein, aber sie haben nicht gelernt, ihr Können selbstbewußt einzusetzen. Oft übertragen sie das Familienmodell, nach dem sie erzogen wurden, auf ihr Arbeitsleben. Sie sind liebenswürdig, fürsorglich, opferbereit und anpassungsfähig – und warten dann vergebens darauf, daß ihre Firma sie für diese Tugenden belohnt. Wer Karriere machen und sich dabei wohlfühlen will, braucht andere Eigenschaften, meint die amerikanische Laufbahnberaterin Janice LaRouche. Sie verhilft Frauen in den USA seit über zehn Jahren dazu, die heimlichen Spielregeln der Arbeitswelt zu durchschauen und im Beruf ihre eigenen Wünsche durchzusetzen. In ihrem Buch, das auf dem amerikanischen und inzwischen auch auf dem deutschen Markt ein Bestseller ist, sagt sie nicht nur, womit sich Frauen selbst im Weg stehen. Es ist auch ein Nachschlagewerk mit handfesten Tips für den Umgang mit Chefs und Kollegen.

Ein unentbehrliches Handbuch. Denn Frauen, die vorankommen wollen, brauchen andere Ratschläge als Männer.